一天一篇 小古文

卷二

夏长

主　　编：夫　子

副 主 编：张朝伟

本册编写：张朝伟

编　　委：范　丽　纪　理　刘　佳　毛　恋　唐　婷　唐玉芝

　　　　　邱鼎淞　王　惠　吴　翮　向丽琴　徐湘辉　晏成立

　　　　　阳　倩　曾婷婷　张朝伟　周方艳　周晓娟

山东教育出版社

·济南·

图书在版编目（CIP）数据

　　一天一篇小古文.卷二，夏长 / 夫子主编 . — 济南：
山东教育出版社，2020.5（2025.7重印）
　　ISBN 978-7-5701-0951-7

　　Ⅰ.①一… Ⅱ.①夫… Ⅲ.①文言文—中小学—教学
参考资料 Ⅳ.① G634.303

　　中国版本图书馆 CIP 数据核字（2020）第 008382 号

YI TIAN YI PIAN XIAO GUWEN　JUAN ER　XIA ZHANG
一天一篇小古文　卷二　夏长　　夫子　主编

主管单位：山东出版传媒股份有限公司
出版发行：山东教育出版社
　　　　　地址：济南市市中区二环南路 2066 号 4 区 1 号
　　　　　邮编：250003　电话：（0531）82092660
　　　　　网址：www.sjs.com.cn
印　　刷：济南华易文化传媒有限公司
版　　次：2020 年 5 月第 1 版
印　　次：2025 年 7 月第 12 次印刷
开　　本：720 mm × 1020 mm　1/16
印　　张：10
印　　数：73001—78000
字　　数：180 千
定　　价：36.00 元

目　录

1

夏长

一天一篇小古文

孟夏之月

孟夏之月，招摇①指巳，昏翼②中，旦婺女③中。其位南方，其日丙丁，盛德在火，其虫羽④，其音徵，律中仲吕⑤，其数七，其味苦，其臭焦，其祀灶，祭先肺。蝼蝈⑥鸣，丘蚓⑦出，王瓜⑧生，苦菜⑨秀。

——《淮南子》⑩

注释

❶ 招摇：星宿名，借指北斗。 ❷ 翼：星宿名，南方朱雀七宿之一。
❸ 婺女：星宿名，也叫须女。北方玄武七宿之一。 ❹ 羽：泛指鸟类动物。
❺ 仲吕：十二律之一，也是农历四月的代称。 ❻ 蝼蝈：青蛙。 ❼ 丘蚓：
蚯蚓。 ❽ 王瓜：一种瓜。 ❾ 苦菜：菊科苦苣菜属和莴苣属的植物。 ❿《淮
南子》：西汉时期由淮南王刘安组织人编写的一部哲学著作。

译文

　　孟夏四月，北斗斗柄指向巳位，黄昏时翼星位于正南方中央，黎明时婺女星位于正南方中央。火神炎帝的神位在南方，它的天干是丙丁，旺盛的德泽属火。它的代表动物是鸟类，代表的音是徵，十二律中与

之相应的是仲吕，它所代表的数是七，所属的味道是苦味，所属的气味是焦味，它祭祀的是灶神，祭祀时把属火的肺脏放在前面。这时青蛙开始鸣叫，蚯蚓从地下钻出来，王瓜生长，苦菜开始结出果实。

链接

　　孟夏，又称初夏，指夏季的第一个月，即农历四月。农历一年四季中的每个季节都能按照"孟""仲""季"来排列。农历夏季的三个月是四、五、六月，因此四月就是"孟夏"。陶渊明在《读山海经》中写道"孟夏草木长，绕屋树扶疏"，就表现了初夏的草木长得十分茂盛的景况。

萤火赋

余①曾独处，夜不能寐。顾②见萤火，意③遂有感。于是执以自照④，而为之赋。其辞曰："感诗人之攸怀兮，览熠耀⑤于前庭。不以姿质⑥之鄙薄⑦兮，欲增辉乎太清⑧。虽无补于日月，期自竭于陋形⑨。"

——傅　咸⑩

注释

❶ 余：我。❷ 顾：回头。这里指环顾四周。❸ 意：心里。❹ 自照：自我映照。❺ 览熠耀：看见光亮。熠耀，闪烁的光芒。❻ 姿质：容貌与气质。❼ 鄙薄：平庸浅陋。❽ 太清：大自然。❾ 陋形：鄙陋的身体。❿ 傅咸：西晋文学家。他的赋多为咏物之作，寓含生活哲理。

译文

我曾经独自一人生活，晚上睡不着觉。环顾四周时，看到了萤火虫发出的光，心中生出感慨。于是用它来映照、反观自我，为它作了一篇赋。赋是这样写的："感叹诗人的悠悠情怀，看见萤火虫的光亮在院子里闪烁。它不在乎自己的资质平庸浅陋，想要为大自然增添光辉。虽然无法像日月一样明亮，但它希望竭尽自己微弱的身躯来发光。"

拾趣

　　关于萤火虫的来源，古代有一个"腐草化萤"的说法。古人认为萤火虫是由腐烂的草叶变化而来的。这是因为萤火虫主要栖息在潮湿腐败的草丛中，古人看到萤火虫从其中出入，于是便产生了这一说法。

蚊 对
wén duì

俄而①耳旁闻有飞鸣声，如歌如诉，如怨如慕②，拂肱③刺肉，扑股嘬④面，毛发尽竖，肌肉欲颤。两手交拍，掌湿如汗，引而嗅之，赤血腥然也。烛至，绨帷⑤尽张，蚊数千皆集帷旁，见烛乱散，如蚁如蝇，利嘴饫⑥腹，充赤圆红。

——方孝孺⑦

译文

一会儿，耳边听到（蚊子）飞动鸣叫的声音，像在唱歌又像是在倾诉，好像充满哀怨又饱含思念；接着掠过胳膊，刺入肉里，扑向大腿和脸上叮咬，使得毛发都竖了起来，肌肉颤动。用两手用力拍击，掌心湿润，像是汗水，凑近细闻，竟是一股血腥味。拿蜡烛来，把蚊帐张开，竟然有几千只蚊子聚在蚊帐边，它们在烛火的照射下四散乱飞，好像蚂蚁，又像苍蝇，尖尖的嘴巴、撑饱的肚皮，身体又大又红。

链接

一到炎热的夏天，蚊子就会赶来凑热闹，古人经常把这种讨人厌的小虫子写进诗文里。如唐朝诗人皮日休曾为它写诗一首，题为《蚊子》：

隐隐聚若雷，嘬肤不知足。

皇天若不平，微物教食肉。

贫士无绛纱，忍苦卧茅屋。

何事觅膏腴，腹无太仓粟。

唐代诗人元稹也控诉它，在《虫豸诗》中写道：

毫端生羽翼，针喙嘬肌肤。

暗毒应难免，羸形日渐枯。

访古

古人的防蚊妙招

蚊子的叮咬给人们带来许多烦恼。为此，古人想出了许多防蚊灭蚊的方法。早在春秋时期，就有了防蚊的蚊帐，比如齐桓公就有防蚊的"翠纱之帱"。当时，这样的蚊帐只有富裕人家才用得起，他们还会在蚊帐的四角挂上香囊。在乐府诗《孔雀东南飞》中就有"红罗覆斗帐，四角垂香囊"的记载。用不起蚊帐的人家，会利用青蛙来灭蚊。他们在缸里养一些青蛙，蚊子便成了青蛙的猎物。栽种一些防蚊虫的植物，也是古人常用的妙招，像楝树和凤仙花，它们能分泌出一种天然的杀虫剂。而最普及的驱蚊方法是烟熏法，艾草就是常被古人用来焚烧驱蚊的植物。到了宋代出现了较早的蚊香，之后蚊香的种类逐渐丰富，成为一种常见的日用品。

竹扇赋

青青之竹形兆①直，妙华②长竿纷③实翼④。杳篠⑤丛生于水泽，疾风时纷纷⑥萧飒⑦。削为扇翣⑧成器美，讬御⑨君王供时有。度量⑩异好⑪有圆方⑫，来风⑬辟暑致⑭清凉。安体定神达⑮消息⑯，百王⑰传之赖⑱功力⑲，寿考⑳康宁㉑累㉒万亿㉓。

——班　固㉔

注释

❶ 形兆：形迹，形象，外形。❷ 华：同"花"。竹开花即枯死，须立即砍伐剖篾才能制扇。❸ 纷：繁多貌。❹ 翼：扇动。❺ 杳篠：幽深貌。❻ 纷纷：吹乱貌。❼ 萧飒：风吹竹叶声。❽ 翣：扇子。❾ 讬御：进献。讬，同"托"，交托。❿ 度量：规格，大小。⓫ 异好：不同的喜好。⓬ 圆方：或圆或方。⓭ 来风：扇来风。⓮ 致：获得。⓯ 达：达到，此处指得到。⓰ 消息：调息。⓱ 百王：百代帝王。⓲ 赖：依赖。⓳ 功力：指竹扇"来风辟暑""安体定神"之功效。⓴ 寿考：长寿。㉑ 康宁：安宁。㉒ 累：累至。㉓ 万亿：万亿之年。此处指活得很久。㉔ 班固：东汉著名史学家、文学家，为"汉赋四大家"之一，代表作品有《汉书》《两都赋》等。

译文

　　青翠的竹子刚长出来外形笔直，长长的竹竿上开满美丽的花，茂密繁盛的竹叶轻轻扇动。它们丛生在幽深的水泽边，大风吹来时会响起一阵萧飒之声。把竹子削成做扇子的竹片，制作成精美的竹扇，按时进献给君王。可以根据个人不同的喜好供应不同的规格大小，有圆形的也有方形的，扇起的风能使人避开酷暑，获得清凉；也能让人身体安适，心神安定，得到调息。百代的帝王世代传用竹扇，依赖它"来风辟暑""安体定神"的功效，长寿的人们因为使用竹扇，能安宁地生活很久。

访古

竹　扇

　　竹扇在中国已有两千多年的历史，是古人夏天常见的日用品。四川的竹扇最为有名，其中又以细竹扇"龚扇"为代表。其编织方法借鉴、运用纺织物的提花技术原理，花纹突出，有各种图案，如花鸟虫鱼、山水人物，结构细密，扇面编成后再配上把柄和流苏。竹扇既是可以扇风的消暑"神器"，又是非常精美的艺术品，自古以来深受人们喜爱。

蝉 赋

惟夫①蝉之清素②兮，潜厥③类乎太阴④。在盛阳之仲夏兮，始游豫⑤乎芳林。实澹泊而寡欲兮，独怡乐而长吟。声噭噭⑥而弥厉兮，似贞士之介心⑦。内含和⑧而弗食兮，与⑨众物而无求。栖高枝而仰首兮，漱朝露之清流。隐柔桑之稠叶兮，快⑩闲居而遁暑。

——曹 植⑪

注释

❶ 惟夫：无实际意义，句首语气词。❷ 清素：清淡素静。❸ 厥：同"掘"，挖掘。❹ 太阴：大地。蝉的幼虫在土中生长，从化蛹到成虫，大约需要经过两年，所以说是"潜太阴"。❺ 游豫：游乐。❻ 噭噭：清晰。❼ 介心：高洁的品格。❽ 和：意思是阴阳调和的气息。❾ 与：结交。❿ 快：高兴，快乐。⓫ 曹植：三国时期著名文学家，曹操的儿子，曹丕的弟弟，代表作有《洛神赋》《七步诗》等。

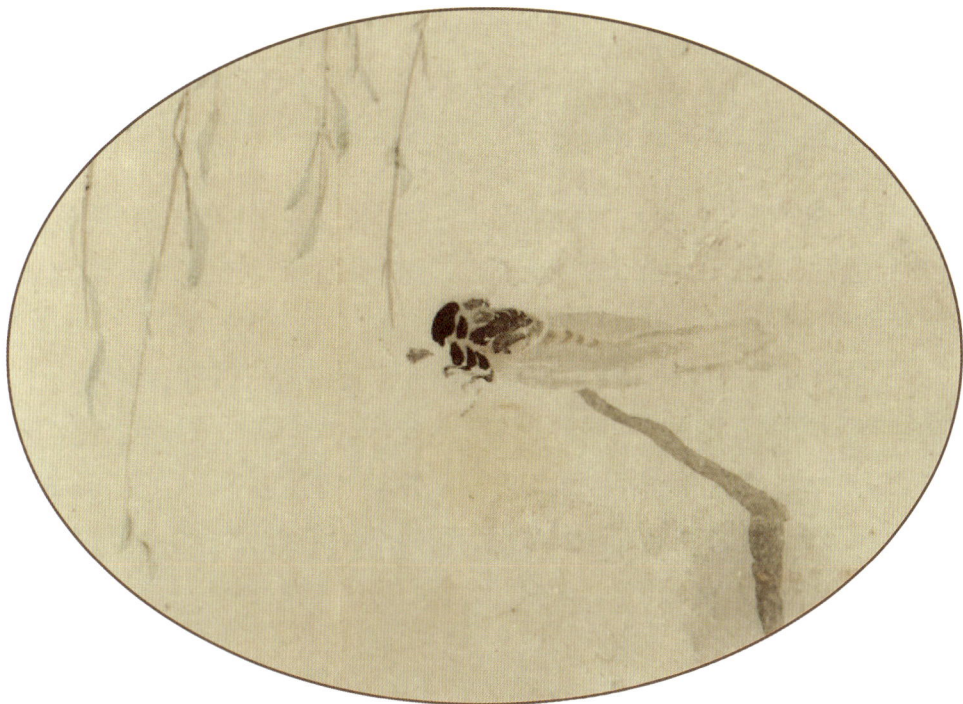

译文

　　那清淡素静的鸣蝉啊，掘土而潜藏在大地之中。在烈日炎炎的仲夏五月，开始在林中游乐。它天性恬静又与世无争，独自快乐地长鸣。鸣声很清晰，一声比一声更响亮，好似忠贞人士的正直之心。它内含阴阳调和之气且不需要饮食，与万物结交却一无所求。它昂首栖息在高高的枝头，畅饮晨露的清流。隐身在柔软茂密的桑枝间，以闲居为乐又能避暑。

拾趣

　　相传，魏文帝曹丕妒忌他弟弟曹植的才学，命曹植在七步之内作出一首诗，否则就要处死他，而且诗的要求十分严格，主题必须是兄弟之情，但诗中又不能出现兄弟二字。随后，曹植在不到七步之内便吟出了这样一首："煮豆持作羹，漉菽以为汁。萁在釜下燃，豆在釜中泣。本自同根生，相煎何太急？"这就是"七步成诗"的故事。

姊妹节

　　苗族是我国一个古老的民族。苗族的姊妹节，是苗族人民的传统节日，节期在每年农历三月十五日至十七日。在这一段时间，苗族的青年男女聚在一起唱歌跳舞、吃姊妹饭……活动内容多种多样，十分热闹。

　　其中，吃姊妹饭是苗族姊妹节的重要活动。苗族人民以寨为单位，准备丰盛的酒宴，邀请外村寨的青年和亲友。宴席上备有五颜六色的糯米饭。在吃饭时，会进行青年男女对歌、踩鼓、吹笙、斗牛、赛马、斗鸟等活动。其中，在对歌过程中，姑娘们会送糯米饭给自己的意中人，以表达情意。而在踩鼓这一活动中，姑娘们会精心打扮，穿上节日的盛装踩鼓，充分体现出了苗族的服饰文化。

　　关于姊妹节，有这样一个传说：在一个苗族大寨，寨子里的男子每年都要到很远的地方去打猎，很长时间都不会回来。留在寨子里的姊妹们白天外出劳作，晚上在家织锦绣花，她们织出来的彩锦，比天上的彩霞还美；绣出来的花，连蜜蜂、蝴蝶都飞来停留。可姊妹们总觉得缺少了点什么。于是她们又相邀去开田，在田里播下糯米种子，在秋天收获了一仓又一仓的糯谷，酿出了一缸又一缸的糯米酒。这下吃喝穿戴都有了，可姊妹们还是觉得缺少了什么。老人们建议她们把吃不完的糯米和喝不完的糯米酒保存起来，待到来年春暖花开的时候，用精米制成糯饭，再到田里捉来鱼虾设宴，招呼远方的青年男子前来吃饭喝酒、唱歌跳舞、联谊择偶。姊妹们纷纷赞同老人们的建议，第二年便照做了。从此，每一年都举办宴会，俗称"吃姊妹饭"。后来，吃姊妹饭便成了一个特定的节日。

文苑小憩

古文游戏

一、我国各民族的服饰都有自己的特点，请你猜猜下列服饰都是哪些
  民族的?

（　　　）　　　　　（　　　）　　　　　（　　　）

二、读读下面的诗句，猜猜分别描述的是一年中哪个季节的生活场景。

  1. 千山鸟飞绝，万径人踪灭。　　　　　　（　　　）
  2. 蝶衣晒粉花枝舞，蛛网添丝屋角晴。　　（　　　）
  3. 留连戏蝶时时舞，自在娇莺恰恰啼。　　（　　　）
  4. 隐隐聚若雷，嚼肤不知足。　　　　　　（　　　）
  5. 蒌蒿满地芦芽短，正是河豚欲上时。　　（　　　）
  6. 相望始登高，心随雁飞灭。　　　　　　（　　　）
  7. 晴空一鹤排云上，便引诗情到碧霄。　　（　　　）
  8. 柴门闻犬吠，风雪夜归人。　　　　　　（　　　）

成语收藏夹

清心寡欲：指保持内心清净，少有欲念。

  造句：老人家笑着说：“清心寡欲是长寿的一大秘诀。”

夜不能寐：寐，入睡。因思绪纷乱或身有疾痛等而夜间不能入睡。

  造句：他很担心生病的母亲，以至于夜不能寐。

精卫① 填海

又北二百里，曰发鸠之山，其上多柘木②。有鸟焉，其状如乌，文首③、白喙、赤足，名曰精卫，其鸣自詨④。是炎帝⑤之少女⑥，名曰女娃。女娃游于东海，溺⑦而不返，故⑧为精卫，常衔西山之木石，以堙⑨于东海。漳水出焉，东流注于河⑩。

——《山海经》⑪

注释

❶ 精卫：传说中的一种叫声像"精卫"的小鸟，称为精卫鸟。❷ 柘木：木名，桑树的一种。❸ 文首：花斑脑袋。文，彩色花纹。❹ 自詨：叫自己的名字。❺ 炎帝：传说中远古时期的部落首领。❻ 少女：小女儿。❼ 溺：溺水，淹没。❽ 故：因此。❾ 堙：填塞。❿ 河：黄河。⓫《山海经》：中国先秦时期重要的地理著作，记录了传说中的地理知识及远古神话。

译文

再往北二百里，有座发鸠山，山上生长着大量的柘树。山里有种鸟，样子像乌鸦，长着花斑脑袋，有白色的嘴巴和红色的脚爪，它的名字

叫精卫，这鸟的叫声像是叫自己的名字。精卫本是炎帝的小女儿，名叫女娃。女娃在东海游玩时，溺水身亡，再也没有回来，因此化为精卫鸟。它经常叼着西山上的树枝和石头，用来填塞东海。漳水就从这座山发源，向东流入黄河。

诵读

这篇文言文讲述了精卫填海的故事，在朗诵时要以铿锵有力的语气来读，表现出对精卫敢于与大海抗争、坚持不懈的精神的赞扬。

拾趣

传说，女娃化成的精卫鸟每天都叼来树枝和石头，想把大海填平。后来，一只海燕无意间看见了精卫，它被精卫大无畏的精神打动，就与其结成了夫妻，生出了许多小精卫。小精卫们和它们的妈妈一样，也去衔树枝和石头填海。晋代诗人陶渊明在诗中写道："精卫衔微木，将以填沧海。"赞扬了精卫敢于向大海抗争的精神。

女娲^①补天

往古之时，四极废，九州裂，天不兼覆，地不周载；火滥炎^②而不灭，水浩洋而不息；猛兽食颛民^③，鸷鸟^④攫^⑤老弱。于是女娲炼五色石以补苍天，断鳌足^⑥以立四极，杀黑龙以济^⑦冀州，积芦灰以止淫水^⑧。苍天补，四极正；淫水涸^⑨，冀州平；狡虫^⑩死，颛民生。

——《淮南子》

译文

在远古的时候，支撑天的四根柱子被毁坏了，大地因此陷入四分五裂的境地。天不能完全覆盖大地，地也不能遍载万物；大火燃烧而不能熄灭，洪水汹涌而不能停止；凶猛的野兽吃掉善良的百姓，凶猛的禽鸟抓取老人与孩童。在这时，女娲冶炼五色石来修补苍天，砍断海中大鳖的脚来做撑起四边天空的梁柱，杀死黑龙来拯救冀州，积起芦灰来堵塞洪水。天空得到了修补，支撑天的四根柱子竖立起来了；洪水得到了控制，冀州得到了平定；恶禽猛兽都死了，善良的百姓活下来了。

拾趣

传说有一天，女娲经过黄河河畔，想起开天辟地以来，世界万无一物，还应该创造一点什么，但她一时又想不出。走着走着，她看到黄河河水里自己的倒影，恍然大悟。原来世界上还缺少了像自己这样的"人"。于是，女娲就参照自己的外貌，用黄河的泥土捏制了许多泥人，再施加神力，泥人便变成了人。

盘古① 开天地

天地浑沌②如鸡子③，盘古生其中。万八千岁④，天地开辟，阳清为天，阴浊为地。盘古在其中，一日九变，神⑤于天，圣⑥于地。天日⑦高一丈，地日厚一丈，盘古日长一丈，如此万八千岁。天数极高，地数极深，盘古极长，后乃⑧有三皇⑨。数起于一，立于三，成于五，盛于七，处于九，故天去⑩地九万里。

——《艺文类聚》⑪

注释

❶**盘古**：中国远古神话传说中的创世神。❷**浑沌**：古代传说中指世界开辟前元气未分、模糊一团的状态。❸**鸡子**：鸡蛋。❹**岁**：年。❺**神**：智慧。❻**圣**：能力。❼**日**：每天。❽**乃**：才。❾**三皇**：传说中远古时期的三位帝王，即伏羲、神农、黄帝，也有一种说法指天皇、地皇、人皇。❿**去**：距离。⓫**《艺文类聚》**：是中国现存最早的一部完整的官修类书，由唐代文学家、书法家欧阳询等十余人编纂而成。

译文

天和地混沌成一团，像一个鸡蛋，盘古就生在这当中。过了一万八千年，天和地分开了，轻而清的阳气上升为天，重而浊的阴气下沉为地。盘古在天地中间，一天中有多次变化，比天、地都要神圣。天每日增高一丈，地每天增厚一丈，盘古也每天长高一丈，这样又过了一万八千年。天升得非常高，地沉得非常深，盘古长得非常高大，后来才出现了天皇、地皇、人皇。数开始于一，建立于三，成就于五，壮盛于七，终止于九，所以天与地的距离是九万里。

拾趣

盘古临死的时候，他口里呼出的气变成了风和云，他的左眼变成了太阳，右眼变成了月亮，身体变成了四极和三山五岳，血液变成了江河，筋脉变成了道路，肌肉变成了农田，头发变成了天上的星星，浑身的汗毛变成了花草树木，牙齿、骨头、骨髓等也都变成了闪光的金属、坚硬的石头、温润的宝玉，身上出的汗变成了清露和甘霖。

女魃 ①

有系昆之山者，有共工之台，射者不敢北乡②。有人衣青衣，名曰黄帝女魃。蚩尤作兵③伐黄帝，黄帝乃令应龙攻之冀州之野。应龙畜水，蚩尤请风伯雨师，纵大风雨。黄帝乃下天女曰魃，雨止，遂杀蚩尤。魃不得复上，所居不雨④。叔均言之帝，后置之赤水之北。叔均乃为田祖⑤。魃时亡之⑥。所欲逐之者，令曰："神北行！"先除水道，决通沟渎⑦。

——《山海经》

注释

❶ **女魃**：传说中的旱神。❷ **乡**：通"向"，面向，朝着。❸ **兵**：兵器，兵刃。代指军队和战争。❹ **雨**：下雨。❺ **田祖**：主管田地农耕的神。❻ **时亡之**：指女魃被人们所厌弃，经常四处逃亡。亡，逃亡。❼ **渎**：沟渠。

译文

有座系昆山，山上有共工台，射箭的人因敬畏共工的神威而不敢朝北方开弓。有一个穿着青色衣服的人，她就是黄帝女魃。蚩尤起兵来攻打黄帝，黄帝派应龙到冀州的原野去攻打蚩尤。应龙蓄积了大量的水，蚩尤请来风伯和雨师制造了一场大风雨。黄帝就降下名叫魃的天女来助战，风雨止住了，于是才将蚩尤杀死。女魃神力耗尽无法再回到天上，她所居留的地方长期不下雨。叔均把这件事禀报给黄帝，后来黄帝就把女魃安置在赤水北边。叔均成为掌管土地农耕的神。女魃常常四处流亡，每到一处都会出现旱情。当地人要驱逐她，就会祈祷说："神啊请向北去吧！"祷告之前要清理水道，疏通大小沟渠。

访古

应 龙

　　应龙是中国古代神话传说中一种有翼的龙，也叫黄龙。应龙生有两片翅膀，鳞身，头大而长，五官皆小，牙齿尖利，前额突起。在商周的铜器、战国的玉雕、汉代的石刻等器物上，常出现应龙的形象。传说应龙是和风化雨的主宰，曾作为黄帝大将斩杀蚩尤，也曾助大禹治水。

愚公① 移山

北山愚公者，年且②九十，面山而居。惩③山北之塞④，出入之迂⑤也，聚室而谋曰："吾与汝毕力平险⑥，指通豫南⑦，达于汉阴⑧，可乎？"杂然⑨相许。遂率子孙荷⑩担者三夫，叩⑪石垦壤，箕畚⑫运于渤海之尾。

河曲⑬智叟⑭笑而止之曰："甚矣⑮，汝之不惠⑯！以残年余力，曾不能毁山之一毛，其如土石何？"北山愚公长息⑰曰："汝心之固⑱，固不可彻⑲。虽⑳我之死，有子存焉。子又生孙，孙又生子；子又有子，子又有孙；子子孙孙无穷匮㉑也，而山不加㉒增，何苦㉓而不平？"河曲智叟亡㉔以应。

——《列子》㉕

岸。⑨ **杂然**：纷纷，形容七嘴八舌、争先恐后的样子。⑩ **荷**：负荷，挑、扛的意思。⑪ **叩**：敲，凿。⑫ **箕畚**：用竹、木等做成的器具。⑬ **河曲**：古地名。⑭ **智叟**：虚拟的人名。⑮ **甚矣**：太，非常。⑯ **惠**：通"慧"，聪明。⑰ **长息**：长叹。⑱ **固**：顽固。⑲ **彻**：通达，明白。⑳ **虽**：即使。㉑ **穷匮**：穷尽。㉒ **加**：副词，再。㉓ **苦**：愁。㉔ **亡**：通"无"，没有。㉕ **《列子》**：战国时期列子以及弟子后学所著的哲学著作。

译文

　　北山下有个叫愚公的人，年纪将近九十岁，面对着大山居住。他苦于大山北面交通阻塞，出出进进都要绕远路，就集合全家人来商量说："我和你们用尽全力铲平大山，使道路一直通到豫州的南部，到达汉水南岸，行吗？"家人们纷纷表示赞同。于是愚公带领子孙中能挑担子的三个人，凿石挖土，把土石用箕畚送到渤海边上。河曲一个叫智叟的老人嘲笑着劝阻说："你真是太不聪明了！凭着你残余的岁月和剩下来的力气，连山上的一根草都不能铲除，又能把土、石怎么样呢？"北山愚公长叹说："你思想的顽固，顽固到了不能变通的地步。即使我死了，还有儿子在呀。儿子又生孙子，孙子又生儿子；儿子又有儿子，儿子又有孙子；子子孙孙没有穷尽，可是山不会再增高，还愁什么挖不平呢？"河曲的智叟没有话来应答了。

诗词

自　嘲

[宋] 陆　游

少读诗书陋汉唐，莫年身世寄农桑。

骑驴两脚欲到地，爱酒一樽常在旁。

老去形容虽变改，醉来意气尚轩昂。

太行王屋何由动，堪笑愚公不自量。

隶　书

隶书是由篆书发展而来的，它是中国书法史上一种非常重要的字体，也是古今文字的分水岭。隶书以前的文字属于古文字，隶书以后包括隶书被称为今文字，后来的草书、行书和楷书都是由隶书发展而来的。

隶书相传为秦代书法家程邈（miǎo）所创，程邈本来是一个狱吏，因为得罪秦始皇被下诏入狱。他在监狱里整理创造了几千个隶书字，故而得到了秦始皇的认可并赦免。汉代书法家蔡邕（yōng）说他"删古文，立隶文"。据说，隶书也因此而得名。因为秦朝狱事比较多，狱吏需要书写的文件也比较多，程邈所创造的隶书正是为了方便狱吏写文件。

但是，从今天出土的资料来看，在秦朝以前的战国时期就已经出现了隶书，它只是在秦朝得到了迅猛的发展，程邈可能只是整理和规范了隶书。隶书到了汉代，尤其是东汉时期发展到了顶峰。流传下来的著名汉隶书法作品有《张迁碑》《曹全碑》等。

《张迁碑》（局部）

《曹全碑》（局部）

文苑小憩

古文游戏

下面是两幅隶书书法作品，你能读出来吗？

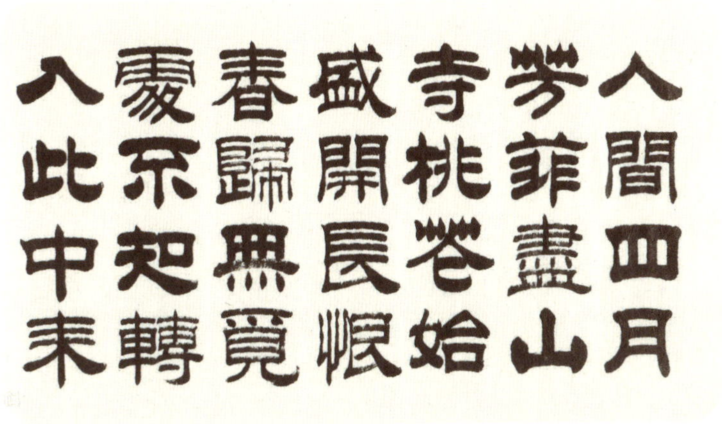

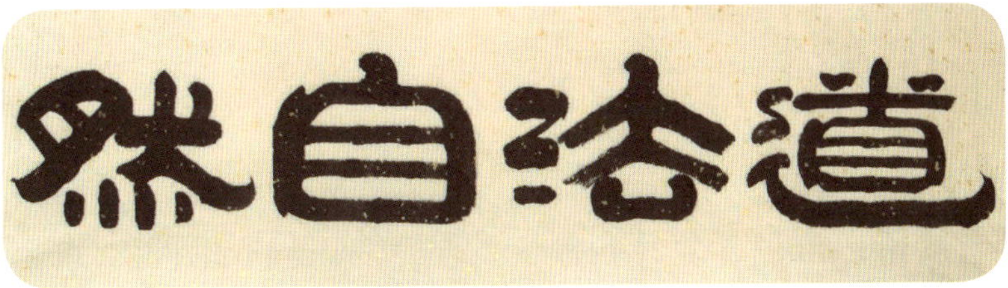

人间四月芳菲尽，山寺桃花始盛开。长恨春归无觅处，不知转入此中来。

道法自然

成语收藏夹

精卫填海：精卫，神话传说中的鸟名。后用"精卫填海"比喻人意志坚强，不怕困难，坚持不懈。

　　造句：我们要完成这项艰巨的任务，没有精卫填海的勇气是不可能成功的。

愚公移山：指有决心和毅力，知难而上，不怕困难。

　　造句：对待学习要有愚公移山的精神。

爱莲说
ài lián shuō

水陆草木之花，可爱者甚蕃①。晋陶渊明②独爱菊。自李唐来，世人甚爱牡丹。予独爱莲之出淤泥而不染③，濯④清涟而不妖⑤，中通外直，不蔓不枝⑥，香远益清，亭亭净植，可远观而不可亵玩⑦焉。

——周敦颐⑧

注释

① **可爱者甚蕃**：值得喜爱的非常多。蕃，多。② **陶渊明**：东晋诗人，他写了很多有关菊花的诗。③ **染**：沾染。④ **濯**：洗涤。⑤ **妖**：妖艳。⑥ **不蔓不枝**：不生枝蔓，不长枝节。蔓，生枝蔓。枝，长枝节。⑦ **亵玩**：靠近玩弄。亵，亲近而不庄重。⑧ **周敦颐**：北宋哲学家、文学家，著有《太极图说》《通书》等。

译文

　　水上和陆地上的各种花草树木，值得喜爱的非常多。晋代陶渊明唯独喜爱菊花。从唐代以来，世间的人们非常喜爱牡丹。我唯独喜爱莲花，它从淤泥中长出来，却不沾染污秽；在清水里洗涤过，却不显得妖媚。它的茎中间贯通，外形挺直，不生枝蔓，不长枝节，香气远播，更使人觉得清幽，莲花亭亭玉立，可以远远地观赏却不能靠近玩弄它。

诵读

予/独爱莲/之/出淤泥/而不染，濯清涟/而不妖，中通/外直，不蔓/不枝，香远/益清，亭亭/净植，可远观/而/不可/亵玩焉。

拾趣

周敦颐从小聪颖机敏。有一年重阳节，秋高气爽，村里的大人们聚在一起聊天。村前有五个土墩，引起了大家的兴趣。大家商量着要为这五个土墩起名，但一时又想不出什么名最为合适。这时，正在旁边玩耍的小敦颐，看到大人们沉思的样子，脱口而出说这五个土墩就像五颗星星，东边的叫木星，南边的叫火星，西边的叫金星，北边的叫水星，中间的叫土星，合在一起，干脆就叫作"五星堆"。大人们听了，都觉得他讲得有道理，于是就将这五个土墩正式命名为"五星堆"，后来成为当地的一景。

木芝①

及夫②木芝者，松柏脂沦入地千岁，化为茯苓，茯苓万岁，其上生小木，状似莲花，名曰木威喜芝。夜视有光，持之甚滑，烧之不然③，带之辟兵④，以带鸡而杂以他⑤鸡十二头共笼之，去之十二步，射十二箭，他鸡皆⑥伤，带威喜芝者不伤也。

——葛洪⑦

译文

下面说到木芝类。松柏的油脂滴落到地里一千年后，就会化为茯苓。茯苓经过一万年后，它的上面就会长出小木，样子像莲花，名字叫"木威喜芝"。晚上看时，它会放射出光辉；用手拿着它时，能感受到它很光滑；用火烧它时，它不会被烧焦；把它带在身上，可躲避兵器的伤害。把它系在鸡身上，把这只鸡与其他鸡共十二只一起装进一个笼子里，在距十二步的距离，向鸡笼射十二支箭，其他的鸡全都被射伤，这只系木威喜芝的却始终不会被射伤。

诵读

夜视/有光，持之/甚滑，烧之/不然，带之/辟兵，以带鸡/而杂以他鸡十二头/共笼之，去之/十二步，射/十二箭，他鸡/皆伤，带/威喜芝者/不伤也。

链接

葛洪的著作《抱朴子》是一部道教典籍。"抱朴"是道教术语，源于《老子》中的"见素抱朴，少私寡欲"，意为一种追求本真、怀抱淳朴、不受物欲影响的思想。《抱朴子》内外篇共有8卷，内篇主要讲述神仙、炼丹、养生等内容，而外篇主要谈论社会上的各种事情，如论时政得失、讽刺世俗等。

牡丹赋

暮春气极^①，绿苞^②如珠。清露宵偃^③。韶光晓驱。动荡支节^④，如解凝结，百脉^⑤融畅^⑥，气不可遏。兀然^⑦盛怒，如将愤泄。淑色^⑧披开，照曜酷烈。美肤腻体^⑨，万状皆绝。赤者如日，白者如月；淡者如赭^⑩，殷^⑪者如血；向者^⑫如迎，背者如诀^⑬；坼者^⑭如语，含者如咽；俯者如愁，仰者如悦；袅^⑮者如舞，侧者如跌；亚者^⑯如醉，曲者如折^⑰；密者如织，疏者如缺^⑱；鲜者如濯，惨者^⑲如别。

——舒元舆^⑳

注释

① 极：尽。**②** 绿苞：指牡丹的花苞。**③** 偃：卧。**④** 支节：指牡丹的枝叶。**⑤** 百脉：指牡丹的枝条叶脉。**⑥** 融畅：通畅。**⑦** 兀然：忽然。**⑧** 淑色：美色。**⑨** 美肤腻体：形容牡丹体貌美丽、细腻。**⑩** 赭：赤褐色。**⑪** 殷：赤黑色。**⑫** 向者：指朝着人的牡丹。**⑬** 诀：长别。**⑭** 坼者：指花瓣裂开的牡丹。**⑮** 袅：通"嫋"，摇曳。指摇动的牡丹。**⑯** 亚者：指低垂的牡丹。亚，通"压"。**⑰** 折：折腰，弯腰行礼。**⑱** 缺：指肢体缺陷。**⑲** 惨者：指颜色暗淡的牡丹。**⑳** 舒元舆：唐朝人，《牡丹赋》是他的代表作。

暮春生气将尽的时候，牡丹的花苞像珍珠般青翠。虽沾了一夜的露水，春光已经把它们驱散。枝叶在春风中荡漾，仿佛将郁积的心结化解了。脉络融会畅通，气势不可阻止。突然盛大开放，好像要发泄愤怒。牡丹花散放出美丽的色彩，明媚的阳光热烈地照在打开的花苞上。完美细腻的肌肤体态，千姿万状，都很绝妙。红的似朝阳，白的如皓月；淡雅似褐土，浓烈胜鲜血；正对着的像在迎客，背对着的如同在诀别；开放了的像在谈笑，含苞的像在咽噎；俯视的样子像有无尽愁绪，仰望的样子像有无穷喜悦；摇动的样子像在起舞，侧着身的好像在摔跤；低垂的如在沉醉，弯着的如受了挫折；密集的样子如同巧织，疏离的样子似有亏缺；鲜艳的像洗涤过一样，惨淡的像经历了离别。

牡丹，被认为是花中之王，素有"花王"之称，它华贵雍容的姿态深得人们喜爱。从唐代开始，牡丹的风采才真正被展露出来。唐代的王公贵族都以观赏牡丹为风尚，唐玄宗和杨贵妃也常在沉香亭前观赏牡丹。诗人刘禹锡写道："唯有牡丹真国色，花开时节动京城。"欧阳修更是称赞"天下真花独牡丹"。

芙蕖^①

芙蕖自荷钱^②出水之日，便为点缀绿波；及其茎叶既生，则又日高日上^③，日上日妍。有风既作飘飖^④之态，无风亦呈袅娜之姿，是我于花之未开，先享无穷逸致矣。迨^⑤至菡萏^⑥成花，娇姿欲滴，后先相继，自夏徂^⑦秋，此则在花为分内之事，在人为应得之资者也。及花之既谢，亦可告无罪于主人矣；乃复蒂下生蓬，蓬中结实，亭亭独立，犹似未开之花，与翠叶并擎^⑧，不至白露为霜而能事^⑨不已。此皆言其可目者也。

——李渔^⑩

注释

❶ 芙蕖：莲花。**❷ 荷钱**：荷叶刚长出水面时只有铜钱大小，所以称为"荷钱"。**❸ 上**：向上。**❹ 飘飖**：随风摇摆。**❺ 迨**：及，等到。**❻ 菡萏**：古人称未开的荷花为菡萏，即荷花花苞。**❼ 徂**：到。**❽ 并擎**：一起高举。擎，高举，这里指挺立。**❾ 能事**：擅长的事。**❿ 李渔**：明末清初文学家、戏剧家，号"笠翁"，著有《笠翁对韵》《闲情偶寄》等。

译文

芙蕖自从荷叶出水那一天，就把水波点缀成一片碧绿；等到它的茎和叶生长出来，就又一天天地向上越长越高，一天比一天更美丽。风吹来时就作出飘动摇摆的神态，无风时也呈现出轻盈柔美的风姿，让我们在花还未开之时，先欣赏到它无穷的逸致情趣。等到花苞开放，娇嫩的姿态如同滴水，它们先后开放，从夏天开到秋天，这对于花来说是它的本性，对于人来说就是应得的享受了。等到花朵凋谢，它们也可以奉告主人说没有什么对不起您的地方；于是又在花蒂下生了莲蓬，中间结了果实，枝枝独立，好像没有开放的花一样，和翠绿的叶子在水面上屹然挺立，不到白露降霜的时候，它所擅长的本领不会呈献完毕。以上都是说它适合观赏的方面。

病梅馆记

或曰：梅以曲为美，直则无姿；以欹① 为美，正则无景；梅以疏为美，密则无态。固也②。此文人画士，心知其意，未可明诏大号③，以绳④天下之梅也；又不可以使天下之民，斫⑤直⑥、删密、锄正，以夭梅、病梅⑦为业以求钱也。梅之欹、之疏、之曲，又非蠢蠢⑧求钱之民，能以其智力⑨为也。有以文人画士孤癖⑩之隐⑪，明告鬻⑫梅者：斫其正，养其旁条⑬；删其密，夭其稚枝⑭；锄其直，遏其生气，以求重价⑮，而江、浙之梅皆病。

——龚自珍⑯

注释

❶ **欹**：倾斜。❷ **固也**：本来如此。固，本来。❸ **明诏大号**：公开宣告，大声疾呼。明，公开。诏，告诉，一般指上告下。号，疾呼，喊叫。❹ **绳**：衡量，约束。❺ **斫**：砍削。❻ **直**：笔直的枝干。❼ **夭梅、病梅**：摧折梅，把它弄成病态。夭，使……摧折。病，使……成为病态。❽ **蠢蠢**：无

知的样子。❾ **智力**：智慧和力量。❿ **孤癖**：特殊的嗜好。⓫ **隐**：隐衷，隐藏在心中的特别嗜好。⓬ **鬻**：卖。⓭ **旁条**：旁逸斜出的枝条。⓮ **稚枝**：嫩枝。⓯ **重价**：高价。⓰ **龚自珍**：清代思想家、诗人、文学家。

译文

有人说：梅以姿态弯曲为美，笔直的样子没有风姿；以枝干倾斜为美，端正的样子就没有景致；以枝叶稀疏为美，茂密的样子就是没有姿态。本来就是这样的。这些文人画家心里自然明白，但也不好公开宣告，大声疾呼用这种标准来约束天下的梅；也无法让天下的种梅人砍掉梅笔直的枝干、除去繁密的枝条、锄掉端正的枝条，把摧折枝干、让梅花呈病态作为事业来谋求钱财。梅枝干的倾斜、枝叶的疏朗、枝干的弯曲，又不是那些追求赚钱的人能够凭他们的智慧、力量做得到的。有的人把文人画士深藏心中的特别嗜好明白地告诉了卖梅的人，让他们砍掉端正的枝干，培养倾斜的侧枝，去掉繁密的枝干，摧残嫩枝，锄掉笔直的枝干，抑制它的生机，用这种方法来谋求高价，就这样，江苏、浙江的梅都长成病态了。

楷 书

楷书也叫真书、正书、正楷，是由隶书发展而来的一种书体，它形成于魏晋南北朝时期。楷书是技法最完备的一种书体，其字法、结构标准能作为楷模来学习，因此而得名。

把楷书推向成熟的书法家是三国时期的钟繇，他被称为楷书之祖，他的代表作品有《宣示表》《荐关内侯季直表》等，有刻本流传于世。但是钟繇的楷书还保留着浓厚的隶书意味，到了王羲之时，他一变古法，改变了原来楷书的面貌，把小楷这种书体完全推向成熟，成为一代楷书宗师，代表作品有《乐毅论》和《黄庭经》。

唐朝是楷书最盛行的时期，楷书的技法也发展到了顶峰，当时著名的楷书书法家有欧阳询、颜真卿、褚遂良、虞世南、柳公权等，著名的楷书作品有欧阳询的《九成宫醴泉铭》《化度寺碑》，颜真卿的《颜勤礼碑》《多宝塔碑》，褚遂良的《雁塔圣教序》，虞世南的《孔子庙堂碑》以及柳公权的《玄秘塔碑》等等。

现在，我们学习楷书，一般会从楷书四大家里来选择，楷书四大家分别指的是唐代的颜真卿、柳公权、欧阳询和元代的赵孟頫。

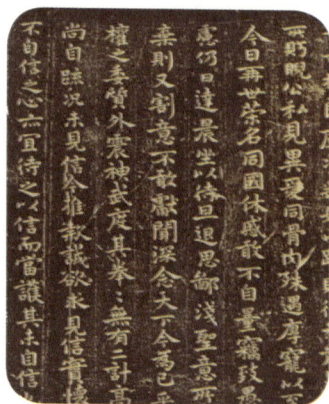

《宣示表》（局部）

《黄庭经》（局部）

文苑小憩

古文游戏

一、根据前文学到的知识，请你将楷书四大家的名字和他们的作品用直线连起来。

A. 欧阳询　　B. 颜真卿　　C. 柳公权　　D. 赵孟頫

二、猜一猜，下面两幅作品是上述哪两位书法家的字体？

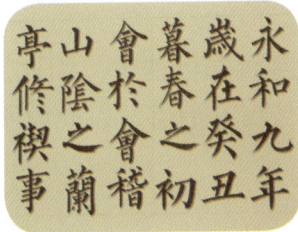

周鼎^①著倕^②

zhōu dǐng   zhù chuí

昔者苍颉^③作书，而天雨粟，鬼夜哭；伯益^④作井，而龙登玄云，神栖昆仑。能愈多而德愈薄^⑤矣。故周鼎著倕，使衔其指，以明大巧之不可为也。

——《淮南子》

注释

❶周鼎：周人铸造的鼎。**❷倕**：尧时的巧匠。**❸苍颉**：传说中黄帝史官，发明了文字。也作"仓颉"。**❹伯益**：舜时人，曾发明凿井。**❺薄**：少。

译文

从前苍颉见鸟兽之迹而创造了文字，而天上落下谷子，鬼魂在夜间哭泣；伯益发明掘地打井，而龙飞升玄云，神灵栖息到昆仑之丘。智巧愈多而德行越少。因此周朝的大鼎上雕上了著名的工匠倕的像，让他自己咬着手指，以此说明过分奇巧之事是不能干的。

链接

嫘祖，又名累祖，是传说中远古时期轩辕黄帝的妻子。

嫘祖心灵手巧，聪明能干。她经常到野外采摘野果。有一次，她发现广袤的原野上长着许多桑树，树上有一种能够吐丝作茧的昆虫，其实就是野生的桑蚕。桑蚕吐出的丝细而结实，于是嫘祖把它捉来试养。桑蚕取食桑叶后吐丝结茧，然后钻出茧壳化为蛾。嫘祖发现这种茧壳被浸湿后，套在棍子上，用手捻线头，可以拉出长长的银线，她把这种线叫作"丝"。后来她又受蜘蛛结网的启发，把丝织成了布，称之为"绸"。绸代替了树叶和兽皮，人们从此便有衣服穿了。

人们很感激她的功绩，称她为"先蚕娘娘"。

燧人^① 钻木取火

古之初，人吮露精，食草木实，穴^②居野处。山居则食鸟兽，衣其羽皮，饮血茹^③毛；近水则食鱼鳖、螺蛤。未有火化腥臊，多害肠胃。于是有圣人以火德王，造作钻燧^④出火，教人熟食，铸金作刃，民人大悦，号曰燧人。

——《太平御览》^⑤

译文

上古之初，人们吸吮露珠的精华，以草木为食，居住在荒野中的岩洞里。居住在山间的，就以鸟兽为食，以兽皮为衣，连毛带血地生吃。居住在水边的，就以鱼鳖螺蛤为食物。这些食物没有经过火烤，气味又腥又臊，对肠胃有害。于是有圣人出现，他因为会使用火有德行而称王，创造并做出钻燧来引出火苗，教人制作熟食，铸造冶炼金属来做兵器刀刃，人们因此十分高兴，称他为燧人。

链接

钻木取火的原理是"摩擦发热"。在取火前，需要准备旋转的木杆、摩擦的木座、容易燃烧的物质，如干柴、棉絮等。然后通过使木杆高速旋转，并与木座摩擦接触，这样就会产生发热现象，随着不断摩擦，温度会越来越高，达到燃烧点时，就会引起燃烧物质着火。

后羿①射日
hòu yì shè rì

逮②至尧之时，十日并出，焦禾稼，
dài　　 zhì yáo zhī shí　　shí rì bìng chū　 jiāo hé jià

杀草木，而民无所食；猰貐、凿齿、九
shā cǎo mù　　ér mín wú suǒ shí　　yà yǔ　 záo chǐ　 jiǔ

婴、大风、封豨、修蛇③，皆为民害。尧
yīng　 dà fēng　 fēng xī　 xiū shé　　　jiē wéi mín hài　　 yáo

乃使羿诛④凿齿于畴华⑤之野，杀九婴于
nǎi shǐ yì zhū　 záo chǐ yú chóu huá　　zhī yě　 shā jiǔ yīng yú

凶水之上，缴⑥大风于青丘之泽，上射十
xiōng shuǐ zhī shàng　 zhuó　 dà fēng yú qīng qiū zhī zé　　shàng shè shí

日而下杀猰貐，断修蛇于洞庭，禽⑦封豨
rì ér xià shā yà yǔ　　　duàn xiū shé yú dòng tíng　　qín　 fēng xī

于桑林，万民皆喜，置⑧尧以为天子。
yú sāng lín　　wàn mín jiē xǐ　　zhì　 yáo yǐ wéi tiān zǐ

——《淮南子》

注释

❶后羿：中国远古传说中五帝时期的人物，嫦娥的丈夫。❷逮：到，及。
❸猰貐、凿齿、九婴、大风、封豨、修蛇：传说中生活于远古时期的
六种凶兽。❹诛：把……杀死。❺畴华：古代南方的一个地名。❻缴：
系着丝绳的箭，这里指用箭射杀。❼禽：通"擒"。❽置：推举。

译文

　　等到尧的时代，有十个太阳一同出来。灼热的阳光晒焦了庄稼，
花草树木全部干死，老百姓连吃的东西都没有；猰貐、凿齿、九婴、大

风、封豨、修蛇都出来祸害百姓。于是，尧派后羿在畴华之野杀死凿齿，在凶水之上杀死九婴，在东方的大泽青丘用系着丝绳的箭射死大风，往上朝十个太阳射箭（射下来九个），向下杀死猰貐，在洞庭湖砍断修蛇，在中原一带的桑林擒获封豨。老百姓都非常欢喜，一致推举尧为天子。

拾趣

传说，后羿射下九个太阳后，西王母赐给他一种吃了能长生不老的仙药，但后羿舍不得吃，就交给了自己的妻子嫦娥保管。后来，后羿的门徒趁后羿不在，逼迫嫦娥交出仙药，嫦娥情急之下只能吞下仙药，飞上了月宫。嫦娥到了月宫后非常思念后羿，而后羿也期望能再见到妻子。一天，一位仙人向后羿指点了方法：在八月十五日月圆之夜，用面粉做成丸子，团成圆月的形状，放在屋子的西北方，然后再呼唤嫦娥的名字，半夜时嫦娥就可以回家团聚了。后羿照做，果然见到了从月宫中飞来的嫦娥。而后羿用面粉做成的圆饼，后来就演变成了月饼。

高辛①

高辛生而神灵，自言其名。普施利物，不于其身。聪以知远，明以察微。顺天之义，知民之急。仁而威，惠而信，修身而天下服。取地之财而节用之，抚教万民而利诲之，历日月而迎送之，明鬼神而敬事之。其色②郁郁③，其德嶷嶷④。其动也时，其服也士。帝喾溉执中而遍天下，日月所照，风雨所至，莫不从服。

——司马迁⑤

注释

❶ 高辛：指帝喾，远古时期部落联盟首领，五帝之一。❷ 色：外表，仪表。❸ 郁郁：有文采的样子。❹ 嶷嶷：高峻的样子，指品德高尚。
❺ 司马迁：西汉历史学家、文学家。著有《史记》，记载了远古黄帝时代至汉武帝年间共三千多年的历史，是中国历史上第一部纪传体通史，被列为"二十四史"之首。

译文

　　高辛生来就很有灵气，一出生就叫出了自己的名字。他普遍施予恩泽于众人而不及其自身。他耳聪目明，可以了解远处的情况，可以洞察细微的事理。他顺应上天的意旨，了解下民的疾苦。他仁德且威严，温和且守信，修养自身，天下归服。他获取土地的物产，又能节制地使用。他教育安抚百姓的方式通常是因势利导。他制定历法以符合日月的运行、季节更替的自然规律。他明识鬼神，虔诚地奉祀他们。他仪表堂堂，道德高尚。他行动合乎时宜，穿着、服用如同普通士人。帝喾治民，像雨水浇灌农田一样不偏不倚，遍及天下，凡是日月照耀的地方，风雨所到的地方，没有人不顺从归服。

黄　帝 ①

黄帝者，少典之子，姓公孙，名曰轩辕。生而神灵②，弱而能言③，幼而徇齐④，长而敦敏⑤，成而聪明。

轩辕之时，神农氏⑥世衰⑦。诸侯相侵伐⑧，暴虐百姓，而神农氏弗能征。于是轩辕乃习用干戈⑨，以征不享⑩，诸侯咸来宾从⑪。

蚩尤作乱，不用帝命。于是黄帝乃征师诸侯，与蚩尤战于涿鹿之野⑫，遂禽杀⑬蚩尤。而诸侯咸尊轩辕为天子，代神农氏，是为黄帝。

——司马迁

注释

❶ 黄帝：远古时期部落联盟的首领。❷ 神灵：很有灵性。❸ 能言：能说话。❹ 徇齐：指聪明机敏。❺ 敦敏：诚实勤奋。❻ 神农氏：指炎帝，是远古时期的部落联盟首领。❼ 衰：衰落。❽ 相侵伐：相互侵略讨伐，

指混战不止。❾ **干戈**：指战争。❿ **不享**：指不来朝贡的诸侯。⓫ **宾从**：服从，归顺。⓬ **涿鹿之野**：一个叫涿鹿的郊野。⓭ **禽杀**：擒获并杀掉。

译文

黄帝，是少典部族的子孙，姓公孙，名叫轩辕。他生来就很有灵性，出生不久就会说话，幼年时聪明机敏，长大后诚实勤奋，成年以后见闻广博，明白事理。

轩辕时期，神农氏的后代已经衰败，诸侯之间互相讨伐，残害百姓，然而神农氏没有力量征讨他们。于是轩辕就习兵练武，去征讨那些不来朝贡的诸侯，才使得各诸侯归从。

蚩尤发动叛乱，不服从黄帝的命令。于是黄帝征调诸侯的军队，在涿鹿郊野与蚩尤作战，终于擒获并杀死了他。这样，诸侯都尊奉轩辕做天子，取代了神农氏，这就是黄帝。

访古

黄帝与蚩尤

轩辕黄帝，是中国远古时代的祖先，三皇五帝之首，被尊为中华"人文初祖"。传说他在位期间，播百谷，种草木，大力发展生产，始造文字、制衣冠、建舟车、作音律、创医学等，对人们贡献很大。

蚩尤，是远古时代九黎氏族部落联盟的首领，相传他面如牛首，背生双翅，他还有兄弟八十一人，个个本领非凡。他在位期间，开垦农田，定居中原。他和炎帝同属一个部落，曾与炎帝大战，打败了炎帝。后来，炎帝与黄帝联手打败蚩尤。

繁体字与简化字

　　繁体字是指笔画较多的，在汉字简化后已有简化字替代的字，如"後"（后）、"書"（书）、"竈"（灶）、"聲"（声）等。

　　简化字是指人们对原来结构复杂、笔画较多的字进行简化后，产生的结构简单、笔画较少的字。

　　简化字不一定就是结构简单的汉字，有些汉字，从产生之初直至今日都是那样简单，并没有相应的繁体字，它们就不能称为简化字，如"一、二、十、人、上、下、且、手"等。笔画结构复杂的汉字也不一定就是繁体字，如"鹪、鹩、蹿、馕、鳌、疆、鬻、冀"等汉字结构就十分复杂，但它们没有经过简化，所以也不能称为繁体字。

　　关于繁体字和简化字，还要注意二者并不是完全一一对应的，有些简化字合并了别的繁体字的意义，代表了几个字。这个时候，如果需要使用繁体字，就要查阅字典辞书。

　　比如说，"面"用于表示面颊、面容的意义，"麵"用于表示面条、面粉的意思。汉字简化后，"麵"字被废除，它的意义被合并到"面"字中去了，如果将"十面埋伏"写成"十麵埋伏"，按字面意义解释就成了十碗面条的埋伏，令人啼笑皆非。

　　类似这样的错误还有很多，比如将"皇后"错写为"皇後"，"出發"错写为"出髮"，"头髮"错写为"头發"，等等。

　　世界文字发展的共同规律，就是从复杂到简单。在我国，从金文到大篆，从大篆到小篆，从小篆到隶书，再从隶书到楷书，汉字每一阶段的发展变化，都伴随着笔画结构的简化。可以说，简化汉字，是汉字历史发展的必然产物。

文苑小憩

古文游戏

一、写一写，利用工具书，写出下面这些字的简化字。

禮	聲	類	飛	說

點	變	夢	驪	養

奪	達	蓋	廣	慶

二、下面的词中，有几个繁体字用错了，请找出并写出正确的繁体字。

1. 皇後　　2. 曆史　　3. 時鐘　　4. 豐采

5. 夥食　　6. 鬆樹　　7. 北鬥　　8. 颱風

9. 茶幾　　10. 復習　　11. 勝任　　12. 同誌

13. 外錶　　14. 乾燥　　15. 劃船　　16. 詩雲

错误

改正

鹬①蚌相争

蚌方出曝②，而鹬啄其肉，蚌合而拑③其喙④。鹬曰："今日不雨⑤，明日不雨，即有死蚌。"蚌亦谓鹬曰："今日不出，明日不出，即有死鹬。"两者不肯相舍，渔者得而并禽之。

——《战国策》⑥

注释

❶鹬：一种长嘴、灰背、栖息于水泽间的鸟，爱吃小鱼、昆虫、河蚌等。❷曝：晒。❸拑：夹住。❹喙：鸟兽的嘴。❺雨：下雨。❻《战国策》：一部国别体史学著作，又称《国策》。由多人所写，后由西汉文学家刘向编订。书中主要记述了战国时期游说之士的政治主张和言行策略。

译文

一只河蚌刚从水里出来晒太阳，一只鹬飞来啄它的肉，河蚌马上把壳合上，夹住了鹬的嘴。鹬说："今天不下雨，明天不下雨，就必然会有一个死蚌。"河蚌也对鹬说："今天你不能抽嘴出来，明天不能抽嘴出来，必然会有一只死鹬。"鹬蚌互不放开，结果一个渔夫把它们俩一起抓住了。

拾趣

一次，春秋时鲁国大夫卞庄子看见两只老虎在撕咬一头牛，于是他就想拔剑去刺杀它们。这时，旅店中的伙计却出言劝阻，他说："现在，这两只老虎正在吃牛肉，等它们吃得香时一定会为食物争斗起来。相斗之后，一定会有死伤，到时再去刺那只受伤的老虎，这样你杀死两只老虎的机会就更大了。"卞庄子觉得他说得有道理，就停手静观事态发展。果然，事情如店伙计所说，随后，卞庄子一下就杀死了两只老虎。

虎与刺猬

有一大虫①，欲向野中觅肉，见一刺猬仰卧，谓是肉脔②，欲衔之。忽被猬卷著③鼻，惊走不知休息。直至山中，困乏，不觉昏睡。刺猬乃放鼻而去。大虫忽起欢喜，走至橡树下，低头见橡斗④，乃侧身语云："旦来遭见贤尊⑤，愿郎君⑥且避道。"

——侯白⑦

注释

❶ 大虫：老虎。❷ 肉脔：肉块。脔，切成小块的肉。❸ 著：附着。❹ 橡斗：带壳的橡实。❺ 贤尊：对他人父亲的尊称。❻ 郎君：对年轻男子的尊称。❼ 侯白：隋朝学者，性格诙谐滑稽，是一位辩才之士。其代表作《启颜录》是一部中国古代文言轶事小说类笑话集。

译文

　　有一只老虎，想到野外寻找食物。它看到一只刺猬仰面躺在地上，以为是块肉，便想上去叼走它。忽然，它被缩起来的刺猬一下卷住了鼻子，吓得一路狂奔，不敢停下来休息，一直跑到了山里，又困又累，不知不觉昏睡了过去。刺猬这才放开老虎的鼻子离开了。老虎忽然醒来，发现刺猬没了，十分开心。它跑到橡树下面，低头看见地上的橡子，赶紧侧身躲在一旁，说："今天早上曾碰见过您的父亲，希望公子暂且给我让让路！"

诵读

　　朗读时，故事的开头要用舒缓的语气引入。从"忽被"开始语速宜快，用惊慌的语气表现老虎受到惊吓的状态。当读到刺猬离开时，语气变轻缓。读老虎说的话时要用小心翼翼、谨小慎微的口吻。

狐假①虎威

虎求百兽而食之，得狐。狐曰："子无敢食我也。天帝使我长②百兽，今子食我，是逆天帝命也。子以我为不信，吾为子先行，子随我后，观百兽之见我而敢不走乎？"虎以为然，故遂③与之行。兽见之皆走。虎不知兽畏己而走也，以为畏狐也。

——《战国策》

注释

❶ 假：借。❷ 长：首领。这里作动词，意为"做……的首领"。❸ 遂：就。

译文

老虎寻找各种野兽来吃，得到一只狐狸。狐狸说："你可不敢吃我！天帝派遣我来做各种野兽的首领，现在你吃掉我，是违背天帝的命令。如果你认为我的话不可信，那我在你前面走，你跟随在我后面，看看各种野兽看见我有敢不逃跑的吗？"老虎认为狐狸的话有道理，于是就和它一起走。野兽看见它们都逃跑了。老虎不知道野兽是害怕自己而逃跑的，还以为它们是害怕狐狸。

拾趣

驴子披上了老虎的皮，百兽都很害怕它，没有敢靠近它的。驴子很高兴，自认为是个计策，便每次出去都披着虎皮，用来吓唬百兽。有一天，它遇到了老虎，老虎以为是同类，便与驴子一起走，驴子害怕至极，大声嚎叫，丢下虎皮逃跑了，跑了好几里都不敢停歇。

鲲鹏^①与斥鷃^②

穷发^③之北，有冥^④海者，天池也，有鱼焉，其广数千里，未有知其修者，其名为鲲；有鸟焉，其名为鹏，背若太山，翼若垂^⑤天之云，抟^⑥扶摇羊角^⑦而上者九万里，绝云气，负青天，然后图^⑧南，且适^⑨南冥也。斥鷃笑之曰："彼且奚适也？我腾跃而上，不过数仞而下，翱翔蓬蒿^⑩之间，此亦飞之至也。而彼且奚适也？"此亦小大之辩也。

——《庄子》^⑪

注释

① 鲲鹏：中国古代神话传说中出现的两种神兽。**②** 斥鷃：一种小鸟。
③ 穷发：北极之下、无毛之地。发，毛。**④** 冥：北方的大海。**⑤** 垂：

边远。**❻抟**：环绕，盘旋。**❼羊角**：旋风。**❽图**：考虑，将。**❾适**：到……去。**❿蓬蒿**：草野，僻野。**⓫《庄子》**：道家学派经典著作，为战国中期庄子及其后学所著。

译文

　　在极远的北方，有片大海，那就是天池。里面有条鱼，身体有几千里宽，没有人知道它有多长，它的名字叫鲲。有一种名字叫鹏的鸟，它的背高大像泰山，翅膀像天际的云；乘着旋风盘旋而上九万里，冲入云层，背负青天，然后向南飞翔，将要飞到南海去。斥鷃嘲笑鹏说："你要飞到哪里去呢？我轻跳就能起飞，不过数丈高就落下来，在僻野间盘旋，这算是飞得不错的了。而你还要飞到哪里去呢？"这就是小和大的区别。

黔① 之驴

黔无驴，有好事者②船载以入。至则无可用，放之山下。虎见之，庞然大物也，以为神，蔽③林间窥之。稍出近之，慭慭然④，莫相知。

他日，驴一鸣，虎大骇⑤，远遁⑥；以为且噬⑦己也，甚恐。然往来视之，觉无异能者；益习其声，又近出前后，终不敢搏。稍近，益狎，荡倚冲冒。驴不胜怒，蹄之。虎因喜，计之曰："技止此耳！"因跳踉大㘚⑧，断其喉，尽其肉，乃去。

——柳宗元⑨

注释

①黔：古地名，包括现在的湖南西南部、四川南部、贵州北部等地区。
②好事者：喜欢多事的人。**③蔽：**躲藏。**④憖憖然：**小心谨慎的样子。
⑤大骇：非常害怕。**⑥遁：**逃走。**⑦噬：**咬。**⑧㘎：**怒吼。**⑨柳宗元：**唐代文学家、散文家、思想家，"唐宋八大家"之一。

译文

　　黔这个地方本来没有驴，有一个喜欢多事的人用船运来了一头驴。运来后发现驴没有什么用处，就把驴放在山脚下。老虎看到驴这个庞然大物，以为它是神物，只敢躲藏在树林里偷偷看它。后来，老虎渐渐敢靠近驴了，可还是小心翼翼，不知道它是什么东西。

　　有一天，驴叫了一声，老虎听了十分害怕，跑得远远的，以为它要咬自己，非常惊恐。但是老虎来来回回地观察驴，觉得它并没有什么特殊的本领。渐渐地，老虎熟悉了驴的叫声，又前前后后地靠近它，但还是不敢与它搏斗。后来，老虎开始慢慢靠近驴，态度越来越轻侮，故意顶撞、冒犯它。驴非常生气，用蹄子踢老虎。老虎因而很高兴，心里盘算："驴只有这些本事罢了！"于是老虎跳起来大吼了一声，咬断了驴的喉咙，吃光了它的肉，才慢悠悠地离开。

链接

　　"唐宋八大家"是唐代韩愈、柳宗元，宋代欧阳修、苏洵、苏轼、苏辙、王安石、曾巩的合称。"八大家"最早见于明初朱右编的《八先生文集》。这八位文学家并提，是因为他们都是古文运动的倡导者、实践者。古文是与骈文相对而言的，奇句单行，不讲究对偶声律的散文。魏晋以后骈文盛行，骈文句法整齐，辞藻华丽，形式与内容脱节。"八大家"倡导古文运动，就是要反对骈文的不良风气，恢复先秦汉代内容充实、长短自由、质朴流畅的散文传统。

纪年法

我国古代历史上使用的纪年法主要有三种，分别是天干地支纪年法、王公即位年次纪年法和皇帝年号纪年法。

天干地支纪年法是以十天干（甲、乙、丙、丁、戊、己、庚、辛、壬、癸）和十二地支（子、丑、寅、卯、辰、巳、午、未、申、酉、戌、亥）的组合来纪年的方法，最早出现在汉代。具体的方法是用天干和地支各一位组合起来纪年，如"甲子年""乙丑年"等。但天干和地支的相配永远是单数对单数、双数对双数，即只能"甲子""乙丑"相配，不能"甲丑""乙子"相配。这样相配出来的结果便是60组，每60年就是一个循环。因此古代称60年为一个"甲子"。北宋苏轼在《赤壁赋》的开头写道"壬戌之秋，七月既望"，就是用的干支纪年。同样，干支除了纪年，还可以用来纪月、纪日。而计时则是用十二地支将一天划分为十二时辰，每两个小时记为一个时辰。

王公即位年次纪年法主要在先秦以前使用，它是以帝王或诸侯的谥号加上年次纪年的方法。如《曹刿论战》中"十年春，齐师伐我"中的"十年"就是鲁庄公即位后的第十年，也就是公元前684年。

皇帝年号纪年法开始于汉武帝时期。汉武帝最先发明年号，他称即位那年为建元元年，顺次为建元二年、建元三年等。人们把记录年号的开始之年称为"纪元"，改换年号叫作"改元"。新皇帝即位一般都要改元。如《岳阳楼记》"庆历四年春"（公元1044年），《游褒禅山记》"至和元年七月某日"（公元1054年），《石钟山记》"元丰七年"（公元1084年）等，都是年号纪年。

文苑小憩

古文游戏

一、干支纪年法是古人常用的纪年方法，请用干支纪年法表示下面的
年份。

1901 年——（　　　）　　　1960 年——（　　　）

2011 年——（　　　）　　　2019 年——（　　　）

2021 年——（　　　）　　　2028 年——（　　　）

2035 年——（　　　）　　　2040 年——（　　　）

二、读现代文《母鸡》，根据内容改成古文。

母鸡孵小鸡，几个星期就能孵出来。小鸡跟随母鸡出去，从没有离开过母鸡。母鸡每次出去找食物，一定会先叫唤自己的小鸡。要是遇到猫、狗，母鸡一定会尽力维护自己的小鸡。与我们人类的父母没有什么区别。

古文：母鸡孵卵，数□成雏。随母出行，□□□□。母鸡每得食，必先唤其雏。若遇猫、犬，尽力护□。与父母□爱子无异。

提示

古文多用四字句，朗朗上口真有趣。简洁明了靠单字，之乎者也是常事。

路温舒① 传

路温舒字长君，钜鹿②东里人也。父为里监门③。使温舒牧羊，温舒取泽中蒲，截以为牒④，编用写书。稍习善，求为狱小吏，因学律令，转为御史⑤，县中疑事皆问焉。太守行县，见而异之，署决曹史⑥。又受《春秋》⑦，通大义。举孝廉⑧，为山邑丞⑨，坐⑩法免，复为郡吏⑪。

——班 固

注释

❶路温舒：西汉著名的司法官。❷钜鹿：地名，今属河北。❸里监门：看门的小卒。❹牒：古代的文书。❺御史：中国古代执掌监察职责的官员的一种泛称。❻决曹史：官名。❼《春秋》：古代儒家典籍"六经"之一，是我国第一部编年体史书，据传是由孔子修订而成。❽举孝廉：汉朝时一种推举人才做官的制度。❾山邑丞：山邑这个地方的县丞。❿坐：因犯……罪。⓫郡吏：郡守的属官。

译文

　　路温舒，字长君，是钜鹿县东里人。他的父亲做东里的监门，让路温舒去牧羊，路温舒就采集水中的蒲草，裁成简牍的形状，用绳子编缀起来，在上面写字。学得稍有长进，就请求做小御史，乘机学习律令，升为御史，县中每遇到疑难案件，都向他请教。太守巡察各县，见到他，觉得他不是凡夫俗子，就让他代理决曹史的官职。他又拜师学习《春秋》，通晓大义。被举为孝廉，做山邑县丞，因犯法而被免职，后来又做了郡吏。

访古

举孝廉

举孝廉是产生于汉朝的一种由下向上推选人才为官的制度，孝廉是两种考察科目。孝，孝悌之人。廉，清廉之士。后来合称孝廉。也指被举荐的士人。被举人大多是州郡属吏或通晓经书的儒生。

五柳先生①传

先生不知何许②人也，亦不详③其姓字，宅边有五柳树，因以为号焉。闲静少言，不慕荣利。好读书，不求甚解，每有会意④，便欣然忘食。性嗜⑤酒，家贫不能常得。亲旧⑥知其如此，或⑦置酒而招之。造⑧饮辄尽，期在必醉⑨，既醉而退，曾不⑩吝情去留。环堵⑪萧然⑫，不蔽风日，短褐穿结⑬，箪⑭瓢屡空，晏如⑮也。常著文章自娱，颇⑯示己志。忘怀⑰得失，以此自终⑱。

——陶渊明⑲

注释

❶ **五柳先生**：指东晋诗人陶渊明。❷ **何许**：何处，哪里。许，处所。
❸ **不详**：不知道。详，知道。❹ **会意**：指对书中的内容有所领会。会，体会，领会。❺ **嗜**：特别喜欢，爱好。❻ **亲旧**：亲戚朋友。❼ **或**：有时。
❽ **造**：往，到。❾ **期在必醉**：希望一定喝醉。期，期望。❿ **曾不**：竟不。曾，用在"不"前，加强否定语气。⓫ **环堵**：房屋的四壁。⓬ **萧然**：空寂的样子。⓭ **短褐穿结**：粗布短衣上打了补丁。⓮ **箪**：古代盛

饭用的圆形竹器。❶**晏如**：安然自若的样子。❶**颇**：稍稍。❶**忘怀**：忘记了。❶**自终**：过完自己的一生。❶**陶渊明**：东晋末南朝宋初期伟大的诗人、辞赋家，著有《陶渊明集》，其内容多为描写田园生活，情感真挚，意境深远。

译文

　　不清楚五柳先生是哪里的人，也不知道他的姓和字。他的住宅旁边有五棵柳树，因此就把这个作为号了。他生性闲适安静，很少说话，也不仰慕荣华利禄。他喜欢读书，不在一字一句的解释上深入探究；每当对书中的内容有所领会时，就会高兴得连饭也忘了吃。他生性喜爱喝酒，家里贫穷常常没有酒喝。亲戚朋友知道他这种境况，有时摆了酒席就叫他去喝。他去喝酒就喝个尽兴，希望一定喝醉；喝醉了就回家，竟然说走就走。简陋的居室里空空荡荡，遮挡不住严寒和烈日，粗布短衣上打满了补丁，盛饭的篮子和饮水的水瓢里经常是空的，但他还是安然自得。他常写一些文章来自娱自乐，也稍微透露出他的志趣。他从不把得失记挂在心上，就这样度过了自己的一生。

链接

　　五柳先生是陶渊明的号，他蔑视功名利禄，不满腐朽的仕宦生活，后归隐田园，从事农业劳动，作品中流露出乐天安命的情趣。他在《归去来兮辞》中写道："归去来兮，田园将芜胡不归？既自以心为形役，奚惆怅而独悲？悟已往之不谏，知来者之可追。实迷途其未远，觉今是而昨非。""园日涉以成趣，门虽设而常关。"这都抒写了归往田园的决心、归田时的愉快心情和田园生活的乐趣。

访古

自 号

　　自号就是自己为自己所取的号。古人的自号，大都含有寓意。有的以居住地环境为自号，如陶渊明，自号五柳先生；有的以志趣抱负为自号，如金农，自号莲身居士；还有的人以生辰形貌特征自号，如赵孟頫，甲寅年生，自号甲寅人。

方山子①传

方山子，光、黄②间隐人③也。少时慕朱家、郭解④为人，闾里⑤之侠⑥皆宗之⑦。稍壮，折节⑧读书，欲以此驰骋当世，然终不遇。晚乃遁⑨于光、黄间，曰岐亭⑩，庵居蔬食，不与世相闻。弃车马，毁冠服，徒步往来山中，人莫识也。见其所著帽，方耸而高，曰："此岂⑪古方山冠⑫之遗像⑬乎？"因谓之"方山子"。

——苏 轼⑭

注释

❶ **方山子**：指陈慥（zào），字季常。❷ **光、黄**：光州、黄州，两州交界。
❸ **隐人**：隐士。❹ **朱家、郭解**：西汉时著名游侠。❺ **闾里**：乡里。
❻ **侠**：侠义之士。❼ **宗之**：崇拜他，以他为首。宗，尊奉。❽ **折节**：
改变原来的志趣和行为。❾ **遁**：遁世隐居。❿ **岐亭**：宋时黄州的镇名，
在今湖北麻城附近。⓫ **岂**：其意为"（这）难道不是……"。⓬ **方山**

冠：唐宋时隐士戴的帽子。❸ **遗像**：遗留下来的样式。❹ **苏轼**：北宋文学家、书法家、画家，"唐宋八大家"之一。

译文

　　方山子，是光州、黄州一带的隐士。他年轻时仰慕西汉时的游侠朱家、郭解的品行，乡里的游侠义士也都敬重他。稍长大后，他改变了志趣，发奋读书，想以此在当代施展抱负，但是一直没有得到好的机会。到了晚年他隐居在光州、黄州一带一个叫岐亭的地方，住茅草屋，吃着素食，不与外界人士交往。他不坐车骑马，毁掉了原来的帽子和礼服徒步在山里走动，没人认识他。人们看他戴的帽子是方形的又向上高耸，都说："这不是古代隐士戴的方山冠遗留下来的样式吗？"于是就把他称为"方山子"。

访古

方山冠

　　方山冠是古代一种帽子的名称。汉代祭祀宗庙时，是为进行乐舞活动的人所戴的礼帽。史书中记载"方山冠以五采縠为之，前高七寸，后高三寸，长八寸，乐舞人服之""方山冠似进贤"。到唐宋时期，许多隐士也戴这种样式的帽子。

屈原 [1] 列传

屈原者，名平，楚之同姓 [2] 也。为楚怀王 [3] 左徒 [4]。博闻强志，明于治乱 [5]，娴于辞令 [6]。入则与王图议国事，以出号令；出则接遇宾客，应对诸侯。王甚任之。

上官大夫 [7] 与之同列，争宠而心害其能。怀王使屈原造为宪令 [8]，屈平属 [9] 草稿未定。上官大夫见而欲夺之，屈平不与，因谗之曰："王使屈平为令，众莫不知，每一令出，平伐 [10] 其功，曰以为'非我莫能为'也。"王怒而疏屈平。

——司马迁

注释

❶ 屈原：战国时期楚国的爱国诗人、政治家。**❷ 楚之同姓**：楚王族本姓芈，楚武王熊通的儿子瑕封于屈，他的后代遂以屈为姓，瑕是屈原的祖先。屈是楚国王族的同姓。**❸ 楚怀王**：楚威王的儿子，名熊槐。**❹ 左徒**：楚国官名，职位仅次于令尹。**❺ 明于治乱**：通晓国家治乱的道理。**❻ 娴于辞令**：擅长讲话。娴，熟悉。辞令，指外交方面应酬交际的语言。**❼ 上官大夫**：楚国大夫。上官，复姓。**❽ 宪令**：国家的重要法令。**❾ 属**：写作。**❿ 伐**：夸耀。

译文

屈原名平，与楚国王族同姓。他曾在楚怀王身边担任左徒。见闻广博，记忆力好，通晓治理国家的道理，熟悉外交辞令。对内与怀王商议谋划国事，发号施令；对外接待使节宾客，应对诸侯。怀王十分信任他。

上官大夫与他同朝为官，想争取怀王的宠幸，心里嫉妒屈原的才能。怀王命屈原制定法令，起草还没定稿，上官大夫看到后想强行更改它，屈原不同意，他就向怀王进谗言毁谤屈原，说："大王叫屈原制定法令，大家都是知道的，每项法令发出，屈原就夸耀自己的功劳说'除了我，没人能做到了'。"怀王很生气，从此疏远了屈原。

访古

古人过端午

提到屈原，就会想到端午节。端午节是我国的传统节日，有着悠久的历史。古人过端午节的仪式丰富多彩，除了流传下来的包粽子、赛龙舟、挂艾叶等活动，还有在手臂上扎五彩丝带，寓意祛除百病，辟邪求福。

徐文长① 传

徐渭，字文长，为山阴②诸生③，声名藉甚④。薛公蕙⑤校越时，奇其才，有国士之目。然数奇⑥，屡试辄蹶⑦。中丞胡公宗宪⑧闻之，客诸幕⑨。文长每见，则葛衣乌巾，纵谈天下事，胡公大喜。是时公督数边兵，威镇东南，介胄⑩之士，膝语蛇行⑪，不敢举头，而文长以部下一诸生傲之，议者方之刘真长⑫、杜少陵⑬云。会得白鹿，属文长作表，表上，永陵⑭喜。公以是益奇之，一切疏计，皆出其手。文长自负才略，好奇计，谈兵多中，视一世事无可当意者。然竟不偶⑮。

——袁宏道⑯

注释

❶ **徐文长**：即徐渭。明代文学家、书画家、戏曲家。❷ **山阴**：今浙江绍兴。❸ **诸生**：生员。❹ **声名藉甚**：名声很大。藉甚，盛大，很

多。❺ **薛公蕙**：指薛蕙，明代官员。❻ **数奇**：命运坎坷，遭遇不顺。❼ **辄蹶**：总是失败。❽ **中丞胡公宗宪**：指胡宗宪，明代官员。中丞，官名。❾ **客诸幕**：作为幕宾。❿ **介胄**：盔甲。⓫ **膝语蛇行**：跪着说话，爬着走路，形容极其恭敬惶恐。⓬ **刘真长**：指刘惔（dàn），东晋名士。⓭ **杜少陵**：指杜甫，唐代诗人。⓮ **永陵**：指明世宗嘉靖皇帝。⓯ **不偶**：不遇，不受重用。偶通"遇"。⓰ **袁宏道**：明朝诗人，文学家。

译文

　　徐渭，字文长，是山阴那里的生员，很有名声。薛蕙在浙江担任考官时，很赏识他的才华，认为他是国家的栋梁之材。然而他命途多舛，境遇不佳，多次考试均落第。中丞胡宗宪听说后，聘用他为幕僚。文长每次参见胡公，都是穿着布长衫，头戴乌巾，对天下大事侃侃而谈，胡公听后十分赞赏。当时胡公统率着军队，威望震慑东南，部下将士总是在他面前跪下回话，不敢仰视。而文长一介书生对胡公的态度却很高傲，好事者把他比作刘真长、杜少陵一样的人物。当时正好胡公猎得一头白鹿，认为是祥瑞之兆，嘱托文长写贺表，表文呈上后，世宗皇帝很满意。胡公因此更加重用文长，所有奏章文书都交给他办理。文长自信才能过人，谋略出众，谈论军情往往切中问题要害。他觉得世上一切事物都不合乎心意，然而却一直没有遇到施展抱负的机会。

诵读

　　文长/每见，则/葛衣乌巾，纵谈/天下事，胡公/大喜。是时/公/督数边兵，威镇/东南，介胄之士，膝语/蛇行，不敢/举头，而/文长/以部下一诸生/傲之，议者/方之刘真长、杜少陵云。

诗词

题《墨葡萄图》
[明] 徐　渭

半生落魄已成翁，独立书斋啸晚风。
笔底明珠无处卖，闲抛闲掷野藤中。

端午节

　　每年农历的五月初五,就是我国四大传统节日(春节、清明节、端午节、中秋节)之一的端午节。

　　端午节是我国沿袭了两千多年的传统节日。"端午"一词最早出现于西晋的《风土记》:"仲夏端午谓五月五日也,俗重此日也,与夏至同。"端,古汉语有"开头、初始"的意思,称"端五",也就是"初五"。因此五月初五又被称为"端五节"。

　　据史书记载,春秋之前,在农历五月初五这天,有些地区的人们有用"龙舟竞渡"的形式举行祭祀部落图腾的习俗,这可能就是端午划龙舟的起源。

　　战国时期,楚国的著名爱国诗人屈原在听到楚国都城被秦军攻陷的消息后,于五月初五这天跳汨罗江自尽。据说,当地的人民为了打捞他的遗体,纷纷驾着龙舟赶往他投河的地点。并且,为了不让江里的鱼儿啃食他,大家还向江里投掷用粽叶包裹糯米制成的粽子。后来,每逢端午节这天赛龙舟、吃粽子就加入了纪念屈原的意义。

文苑小憩

古文游戏

一、读诗猜节日。

1. 鼓声三下红旗开，两龙跃出浮水来。
   棹影斡波飞万剑，鼓声劈浪鸣千雷。
   答案：_____

2. 清漏渐移相望久，微云未接过来迟。
   岂能无意酬乌鹊，惟与蜘蛛乞巧丝。
   答案：_____

3. 江涵秋影雁初飞，与客携壶上翠微。
   尘世难逢开口笑，菊花须插满头归。
   答案：_____

4. 玉漏银壶且莫催，铁关金锁彻明开。
   谁家见月能闲坐，何处闻灯不看来？
   答案：_____

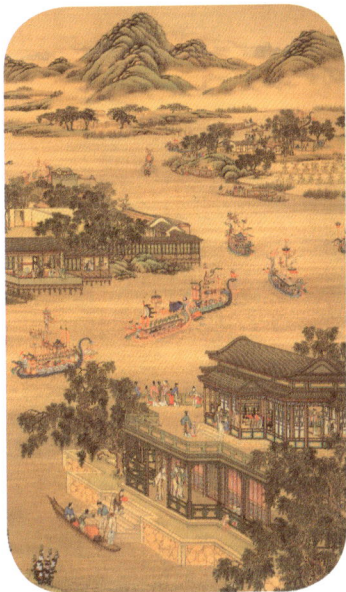

二、端午节有很多节日习俗，在下面这幅图中，人们在干什么？（　　　）

A. 插艾蒿　　　B. 贴门联　　　C. 清扫　　　D. 粉刷

昼动夜静

晋孝武①年十二，时冬天，昼日不著复衣，但著单练衫五六重②，夜则累茵褥③。谢公④谏曰："圣体宜令有常。陛下昼过冷，夜过热，恐非摄养⑤之术。"帝曰："昼动夜静。"谢公出，叹曰："上理⑥不减先帝⑦。"

——《世说新语》⑧

注释

❶**晋孝武**：东晋孝武帝司马曜，简文帝的儿子。❷**重**：层。❸**茵褥**：褥子。❹**谢公**：谢安，当时是宰相。❺**摄养**：调理保养。❻**上理**：皇上的玄理。上，指皇帝。❼**先帝**：已经去世的皇帝，这里指简文帝。❽**《世说新语》**：魏晋南北朝时期笔记小说的代表作，是我国最早的一部文言志人小说集，由临川王刘义庆主持编写。

译文

　　晋孝武帝十二岁那年，当时正是冬天，他白天不穿夹衣，只穿五六件丝绸做的单衣，夜里却铺着两张褥子睡觉。谢安规劝他说："保养身体应该有规律。陛下白天太冷，夜里太热，这恐怕不是养生的办法。"孝武帝说:"白天动晚上静。"谢安出来后叹道:"皇上谈玄理不比先帝差。"

链接

　　谢安是东晋的著名政治家。他位居丞相,处事公正明断,不专权利己,不居功自傲,有名相气度。历史上有名的淝水之战,谢安作为东晋一方的总指挥,以八万兵力打败了八十余万的前秦军队,为东晋取得了数十年的太平。前秦和东晋的淝水之战,是我国历史上著名的以弱胜强的战役。

汗不敢出

钟毓、钟会^①少有令誉^②。年十三，魏文帝^③闻之，语其父钟繇曰："可令二子来。"于是敕^④见。毓面有汗，帝曰："卿面何以汗？"毓对曰："战战惶惶^⑤，汗出如浆^⑥。"复问会："卿何以不汗？"对曰："战战栗栗^⑦，汗不敢出。"

——《世说新语》

译文

钟毓、钟会兄弟俩少年时就有好名声，钟毓十三岁时，魏文帝听说了他俩，便对他们的父亲钟繇说："可以叫两个孩子来见我。"于是下令赐见。觐见时钟毓脸上有汗，文帝问道："你脸上为什么出汗？"钟毓回答说："因为战战兢兢，很惶恐，所以汗如雨下。"文帝又问钟会："你为什么不出汗？"钟会回答说："因为戒惧而小心谨慎，所以不敢出汗。"

拾趣

　　钟毓、钟会小的时候，有一次趁父亲钟繇午睡，一起偷酒喝。钟繇刚巧醒来，故意装睡观察儿子们怎样行事。钟毓行礼后才喝酒，钟会只喝酒不行礼。随后钟繇问钟毓为什么要行礼，钟毓回答说："酒以成礼，不敢不拜（酒是用来完成礼仪的，不敢不行礼）。"父亲又问钟会为什么不行礼，钟会说："偷本非礼，所以不拜（偷酒本来就是不符合礼的行为，所以用不着再行礼）。"

拟蚊为鹤

余忆童稚时，能张目对日，明察秋毫，见藐小之物必细察其纹理，故时有物外之趣。夏蚊成①雷，私拟②作群鹤舞于空中，心之所向，则或③千或百，果④然鹤也；昂首观之，项为之强⑤。又留蚊于素帐⑥中，徐喷以烟，使之冲烟而飞鸣，作青云白鹤观，果如鹤唳云端，为之⑦怡然称快。

——沈　复⑧

注释

①成：像。**②私拟**：我私下把蚊子比作。拟，比。私，私下。**③或**：有的。**④果**：果真。**⑤项为之强**：脖颈为此而变得僵硬了。项，颈，脖颈。为，为此。强，通"僵"，僵硬。**⑥素帐**：未染色的蚊帐。**⑦为之**：因此。**⑧沈复**：清代文学家，著有自传体作品《浮生六记》。

译文

　　我回想起小的时候，能够张大眼睛对着太阳，仔细看清十分微小的东西。我看见细微的事物，一定会认真地观察它的纹理，因此常常收获超过事物本身的乐趣。夏天成群的蚊子叫声像打雷一样，我私下把它们比作在空中飞舞的群鹤，心里这么想，那成千成百的蚊子果然都变成仙鹤了；我抬头看向它们，脖颈都因此变得僵硬了。我又在素帐中留了几只蚊子，慢慢地喷烟过去，让它们在烟雾中飞着叫着，把这当作一幅青云白鹤的景观，果真就像鹤唳云端一样了，我为这景象高兴得拍手叫好。

拾趣

　　清代文学家沈复是一个爱花成癖的人，他尤其喜欢兰花。朋友张兰坡曾经送给他一盆荷瓣素心兰，茎叶纤细，花瓣素雅，算是兰花中的极品，沈复对此爱不释手，精心呵护，就像对待自己的孩子一样。这盆兰花好像也懂得沈复的心思，长势良好，还发出了几只新芽。家里来了客人，沈复都要向他们介绍自家的这盆兰花。客人们见了，大多称奇不已，有人愿意出高价向沈复分出几株苗带回家种，沈复总不肯答应。没多久，沈复发现好端端的兰花竟然慢慢枯死了，原来是有人趁沈复不注意，用开水烫死了兰花。伤心、愤怒之余，沈复发誓再也不养兰花了。

两小儿辩日

孔子①东游，见两小儿辩斗②，问其故。

一儿曰："我以③日始出时去④人近，而日中⑤时远也。"

一儿曰："我以日初出远，而日中时近也。"

一儿曰："日初出大如车盖，及⑥日中则如盘盂⑦，此不为远者小而近者大乎？"

一儿曰："日初出沧沧凉凉⑧，及其日中如探汤⑨，此不为近者热而远者凉乎？"

孔子不能决⑩也。

两小儿笑曰："孰⑪为汝⑫多知⑬乎？"

——《列子》

注释

❶ **孔子**：儒家学派的创始人，我国古代伟大的思想家、教育家。❷ **辩斗**：辩论，争论。❸ **以**：认为。❹ **去**：离。❺ **日中**：中午。❻ **及**：到。❼ **盘盂**：盛物的器皿。圆者为盘，方者为盂。❽ **沧沧凉凉**：形容清凉的感觉。沧沧，寒凉的样子。❾ **探汤**：把手伸到热水里。意思是温度

很高，很热。汤，热水、开水。❿**决**：判断。⓫**孰**：谁。⓬**汝**：你。
⓭**知**：通"智"，智慧。

译文

孔子往东方游历，见到两个小孩在争论，就问他们在争论什么。

一个小孩说："我认为太阳刚刚升起的时候距离人近，而中午的时候距离人远。"

另一个小孩说："我认为太阳刚刚升起的时候距离人比较远，而中午的时候距离人比较近。"

第一个小孩说："太阳刚升起时像车的车盖一样大，到了中午时就如同盘子一般小了，这不是远小近大的道理吗？"

另一个小孩说："太阳刚出来时凉快，到了中午的时候热得如同把手伸进热水里，这不是近就感觉热，而离得远就觉得凉的道理吗？"

孔子不能判断他们俩谁对谁错。

两个小孩笑着对孔子说："谁说你十分有智慧呢？"

链接

"日初出大如车盖，及日中则如盘盂"，这是人眼接触物体所产生的视觉错误的缘故。当太阳初升、降落时，在地平线上有树木、房屋衬托，而且四周天空昏暗，太阳就显得特别亮而大。中午时，太阳在辽阔的天空，没有物体同它比较，而且四周的天空很明亮，与太阳亮度相差不太大，因此，看上去太阳显得小了。

早晨，太阳初升，与地平线的角度小，阳光斜射在地面上，地面单位面积上吸收到的太阳辐射能少，气温较低，故"沧沧凉凉"。中午，太阳直射地面，地面单位面积吸收到的太阳辐射能增大，气温高，故"日中如探汤"。因此，以"远者小而近者大"或"近者热而远者凉"来推论太阳的远近，都是错误的。

孔融① 妙答

孔文举年十岁，随父到洛②。时李元礼③有盛名，为司隶校尉④。诣门者⑤，皆俊才清称⑥及中表亲戚⑦乃通⑧。文举至门，谓吏曰："我是李府君亲。"既通，前坐。元礼问曰："君与仆⑨有何亲？"对曰："昔先君⑩仲尼⑪与君先人伯阳⑫有师资⑬之尊，是仆与君奕世⑭为通好也。"元礼及宾客莫不奇之。太中大夫陈韪⑮后至，人以其语语⑯之，韪曰："小时了了⑰，大未必佳。"文举曰："想君小时，必当了了。"韪大踧踖⑱。

——《世说新语》

注释

❶ **孔融**：字文举，是汉朝末年的名士、文学家。❷ **洛**：洛阳。❸ **李元礼**：指李膺（yīng），字元礼，东汉时期名士、官员。❹ **司隶校尉**：官名，掌管监察京师和所属各郡百官的职权。❺ **诣门者**：上门拜访的人。❻ **清称**：有清高称誉的人。❼ **中表亲戚**：父亲的姐妹之子与母

亲的兄弟姐妹之子。❽ **通**：通报。❾ **仆**：自己的谦称。❿ **先君**：祖先，与下文"先人"同。⓫ **仲尼**：孔子，名丘，字仲尼。⓬ **伯阳**：老子，姓李，名耳，字伯阳。著有《老子》一书。⓭ **师资**：老师。孔子曾向老子请教过礼制的事，所以可以称老子和孔子是师生关系。⓮ **奕世**：累世，世世代代。⓯ **陈韪**：曾任太中大夫，主管议论政事。⓰ **语**：告诉。⓱ **了了**：聪明，明白通晓。⓲ **踧踖**：局促不安。

译文

孔融十岁时，随父亲到洛阳。当时李元礼名气很大，是一个司隶校尉。到他家去做客的人，都是那些才华出众、有高洁名声的人以及中表亲戚。孔融到了他家门前，对守门吏说："我是李府君的亲戚。"通报进门后，孔融坐到了前面。李元礼问："您和我有什么亲戚关系？"孔融回答说："过去我的祖先仲尼和您祖先伯阳有师徒之称，所以我和您是世世代代友好往来的亲戚关系。"李元礼和他的那些宾客没有一个不对他的话感到惊奇的。太中大夫陈韪晚到，别人就把孔融说的话告诉他，陈韪说："小的时候很聪明，长大了不见得就很好。"孔融听后说："想来您小的时候，一定很聪明吧。"陈韪听后非常尴尬。

拾趣

名士张俭被中常侍（官职名）侯览所记恨，密令各州郡捉拿张俭。张俭与孔融兄长孔褒是好友，于是逃到孔褒家中，当时孔褒并不在。那时孔融才十六岁，张俭觉得孔融年纪小，就没有告诉他自己的处境。孔融看见张俭窘迫的样子，对张俭说："哥哥虽然在外未归，我难道不能做您的东道主吗？"因此留张俭在自己家住下。

后来事情败露，张俭赶忙逃脱，孔褒、孔融则被逮捕入狱。但不知他们二人谁应担罪。孔融说："收容藏匿张俭的是我，有罪在我。"孔褒说："张俭是来找我的，不是弟弟的罪过，罪在我。"官吏问他们的母亲，母亲说："年长的人承担家事，罪责在我。"一家人都争着赴死，郡县迟疑不能决断，于是向朝廷请示。诏书最后定了孔褒的罪，孔融也因此事而闻名。

诞生礼

中国自古以来被称为礼仪之邦，礼仪文化极其丰富，拥有从诞生礼、成年礼、婚礼、成长礼到葬礼、祭礼的完整的生命礼仪体系。传统的诞生礼，大致包含了诞生、三朝、满月、百日、周岁等主要仪式。

婴儿刚出生，有诞生礼。诞生礼的重要内容是"报喜"，一般是由孩子的父亲赴亲友家，主要是向岳父母家报告喜讯。

诞生三日后，有三朝礼。在这天要为婴儿进行沐浴，称为"洗三"。亲友们前来道贺，送上礼物，在孩子面前说一些吉祥的话，为婴儿祝福。宋代还流行写洗三诗。主持仪式的人一般是接生婆。

出生一月，为满月礼。这一天，孩子吃满月面，穿新衣，带着孩子到近亲友家走动，认亲属，亲属也相应给孩子礼物，表示祝福。

出生百天，有百日礼。这一天要举行汤饼会，孩子穿百家衣，并戴长命锁，祈祷孩子长命百岁。

出生一周岁，有周岁礼。周岁礼的重要仪式之一就是"抓周"，即将各种物品摆放在小孩面前，任他抓取。传统抓周仪式上的常用物品有笔、墨、纸、砚、算盘、钱币、书籍等。小孩伸手第一次抓到的物品，预示着他未来的从业方向和命运前途。同时，在这一天，还要大摆宴席，招待宾客。这样，对一个新生命的迎接过程，才算完成。

文苑小憩

古文游戏

一、古时，给孩子穿百家衣、戴长命锁是在（　　　）这一仪式上。

    A. 三朝礼

    B. 满月礼

    C. 百日礼

    D. 周岁礼

二、假如通过"抓周"就能预见一个小孩未来的命运，那么如果抓到下面这些小物件，将来就会变成怎样的人呢？请你连一连吧！

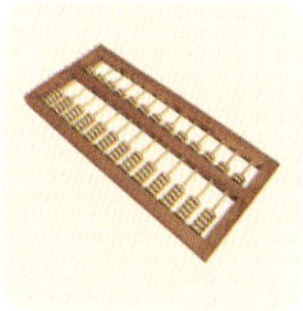

成语收藏夹

战战栗栗：战战、栗栗，恐惧发抖的样子。形容心怀畏惧或小心谨慎的样子。

    造句：他第一次参加这么重要的会议，难免会战战栗栗，不知所措。

小时了了：了了，聪明懂事。小时聪明伶俐。

    造句：天资聪颖却不努力，小时了了，长大了也未必会成功。

邹忌① 讽齐王② 纳谏

邹忌入朝见威王，曰："臣诚知③不如徐公美。臣之妻私臣，臣之妾畏臣，臣之客欲有求于臣，皆以美于徐公④。今齐地⑤方⑥千里，百二十城，宫妇⑦左右⑧莫不私王，朝廷之臣莫不畏王，四境之内⑨莫不有求于王。由此观之，王之蔽⑩甚矣。"

——《古文观止》⑪

注释

❶邹忌：齐人，曾任齐相。❷齐王：指齐威王，战国时期齐国第四代国君。❸诚知：确实知道。❹皆以美于徐公：都认为我比徐公美。以，以为，认为。于，比。❺地：土地，疆域。❻方：方圆纵横。❼宫妇：宫中的姬妾。❽左右：国君身边的近臣。❾四境之内：全国范围内的人。❿蔽：蒙蔽，这里指受蒙蔽。⓫《古文观止》：清朝康熙年间选编的一部供学塾使用的文学读本，由清代吴楚材、吴调侯选编。

译文

邹忌入朝拜见齐威王，说："我本来就知道自己不如徐公美。可是我的妻子偏爱我，我的妾室害怕我，我的客人有事想要求助我，所以他们都说我比徐公美。如今齐国有方圆千里的疆土，一百二十座城池。宫中的姬妾和身边的侍从没有哪个不偏爱大王的，朝中的大臣没有不畏惧大王的，全国的百姓没有不对大王有所请求的。这样看来，大王您受到的蒙蔽太深了。"

拾趣

越王勾践退守会稽山后，向全军说道："凡是我的父辈兄弟还有同姓的人，谁能协助我击退吴国，我就和他共同管理越国的政事。"大夫文种向越王进谏说："我听说过，商人在夏天就先准备皮货，冬天就先积蓄好夏布，行旱路就提前准备好船只，行水路就预先准备好车辆，以备需要时用。一个国家即使没有外患，然而不能不事先培养和选择好有谋略的大臣及勇敢的将士。就如蓑衣斗笠这种雨具，到下雨时，是一定要用上它的。现在您退守到会稽山之后，才来寻求有谋略的大臣，未免太晚了吧？"勾践回答说："能听到大夫您的这番话，怎么能算晚呢？"说完，就握着文种的手，同他一起商量灭吴之事。

诗词

赠镜斋徐相士

[宋]文天祥

邹忌不如徐公美，引镜自窥得真是。
门下食客才有求，昏昏便与妻妾比。
徐家耳孙却不然，自名一镜京师市。
世人无用看青铜，此君双眼明秋水。
君以无求游公卿，勿令此镜生瑕滓。
碟子大面何难知，从今光照二百里。

螳螂捕蝉

tánɡ lánɡ bǔ chán

吴欲伐荆①，王②令曰："敢有谏者死！"

舍人③有少孺子④者欲谏，怀弹⑤于后园，露

沾其衣者三朝⑥。王曰："子求何苦，露沾衣如

是？"对曰："园中有树，其端有蝉，蝉高居悲

鸣，饮风嗽⑦露，不知螳螂在其后曲跗⑧，欲

取其蝉。而螳螂又不知黄雀居其后，延颈欲啄

之。然黄雀又不知臣操⑨弹丸在其下，臣但捕

其黄雀，不觉露沾衣。此者为窥其利而不思后

患。"王闻之，遂不伐荆。

——刘　向⑩

注释

❶荆：指楚国。❷王：指吴王阖闾。❸舍人：门客，指古代官僚贵族家里养的帮闲或帮忙的人。❹少孺子：年轻的人。❺弹：指弹丸。❻三朝：三个早晨。❼嗽：吸。❽跗：足。❾操：持，拿。❿刘向：西汉文学家，其编纂的《说苑》为古代杂史小说集。

译文

　　吴国君主想要讨伐楚国，他告诫大臣们说："谁敢劝阻就处死！"门客中有个年轻人想要劝诫，于是他带着弹丸，拿着弹弓，来到王宫后花园游玩，露水沾湿他的衣裳，接连三个早晨如此。吴王对他说："你为何让衣服被露水沾得这样湿呢？"他回答："园子里有一棵树，树上有一只知了，知了在树上放声叫着，吮吸露水，却不知道有只螳螂就在它的身后，弯起了前肢，想捕捉知了。而螳螂却不知道有只黄雀就在自己身后，伸长脖子想要啄食螳螂。而黄雀又不知道我举着弹弓在树下要射击它。我只想着捕捉黄雀，却没有察觉露水沾湿了衣裳。这就是只想着各自眼前的利益，却没有考虑到身后的祸患。"吴王听了，便不再出兵攻打楚国。

拾趣

　　赵王想要攻打燕国，苏代去劝说赵王："我这次来时，在路上看见一只河蚌张着壳晒太阳。有一只鹬鸟伸嘴去啄河蚌的肉，河蚌赶忙合上壳，紧紧地钳住了鹬鸟的嘴。鹬鸟就说今天不下雨，明天不下雨，你就会死。河蚌也对鹬说今天不放开你，明天不放开你，你就会死。这两个谁也不肯先放开谁。渔夫看到了，就把它俩一起捉走了。现在赵国要去攻打燕国，两国相持不下，时间长了，都会消耗得厉害。我担心强大的秦国成为鹬蚌相争中的'渔夫'。希望大王能再考虑考虑。"赵王听了，恍然大悟，说："有道理！"便停止了攻打燕国的行动。

谏太宗① 十思疏

臣闻求木之长②者，必固其根本③；欲流之远者，必浚④其泉源；思国之安者，必积其德义。源不深而望流之远，根不固而求木之长，德不厚而望国之治，虽在下愚⑤，知其不可，而况于明哲乎！人君当神器之重⑥，居域中⑦之大，将崇极天之峻，永保无疆之休⑧。不念居安思危，戒奢以俭，德不处其厚，情不胜其欲，斯亦伐根以求木茂，塞源而欲流长者也。

——魏 徵⑨

注释

❶ **太宗**：指唐太宗李世民。❷ **长**：生长。这里指长得好。❸ **固其根本**：使它的根本牢固。本，树根。❹ **浚**：疏通，挖深。❺ **愚**：愚昧无知。❻ **当神器之重**：掌握帝王的重权。当，主持、掌握。神器，指帝位。❼ **域中**：指天地之间。❽ **休**：喜庆，福禄。❾ **魏徵**：唐朝宰相、政治家、思想家、文学家、史学家。

译文

　　我听说要想树木长得好，一定要使它的根牢固；要想泉水流得更远，一定要疏通它的源泉；要想国家安定，一定要积累深厚的道德仁义。源泉不深却指望泉水流得很远，根系不牢固却希望树木生长，道德不深厚却想要国家安定，即使我见识浅薄，也明白这是不可能的，更何况您这样聪明睿智的人呢！国君处于重要的帝位，在天地间尊大，应该推崇皇权的高峻，保持政权永远的和平美好。如果在安逸的环境中不想着危难，戒除奢侈，厉行节俭，道德不能保持宽厚，性情不能克服欲望，这就如同挖断树根来求得树木茂盛，堵塞源泉又想要泉水流得远啊。

访古

疏

　　"疏"是古代的一种文体，一般用于臣子分条向帝王陈述说明的意见书，如"奏疏"；也有对古书经典类的注解和对书籍注解的进一步注释，和"注"一起合称为"注疏"；还有僧道所焚化的祝告文，如"疏文"。

孙权 ① 劝学

初 ②，权谓吕蒙 ③ 曰："卿今当涂 ④ 掌事 ⑤，不可不学！"蒙辞 ⑥ 以军中多务。权曰："孤岂欲卿治经 ⑦ 为博士 ⑧ 邪！但当涉猎，见往事 ⑨ 耳。卿言多务，孰若孤？孤常读书，自以为大有所益。"蒙乃始就学。及鲁肃过寻阳，与蒙论议，大惊曰："卿今者才略 ⑩，非复吴下阿蒙！"蒙曰："士别三日，即更刮目相待，大兄何见事 ⑪ 之晚乎！"肃遂拜蒙母，结友而别。

——《资治通鉴》⑫

注释

❶ 孙权：三国时吴国的创建者。❷ 初：当初，起初。❸ 吕蒙：吴国将领。❹ 当涂：当道，当权。❺ 掌事：掌管政事。❻ 辞：推托。❼ 治经：

研究儒家经典。❽博士：古代专门掌管经学传授的学官。❾见往事：了解历史。❿才略：才干和谋略。⓫见事：知晓事情。⓬《资治通鉴》：由北宋司马光主编的一部编年体史书，以时间为纲，事件为目，涵盖了一千多年的历史。

译文

　　当初，孙权对吕蒙说："你现在当权掌管政事，不可以不学习！"吕蒙用军中事务繁多的理由来推托。孙权说："我难道是想要你研究儒家经典成为传授经书的学官吗？只是应当粗略地阅读，了解历史罢了。你说军中事务繁多，谁能比得上我呢？我经常读书，自认为有很大的好处。"吕蒙于是就开始学习。等到鲁肃到寻阳的时候，和吕蒙论议国家大事，惊讶地说："你现在的才干和谋略，不再是以前那个吴县的阿蒙了！"吕蒙说："和有抱负的人分开一段时间后，就要用新的眼光来看待，长兄怎么认清事物这么晚啊！"于是鲁肃拜见吕蒙的母亲，与吕蒙结为朋友后才分别。

拾趣

　　孙权劝吕蒙读书，于是吕蒙便博览群书，主要学习《易经》。吕蒙平时喜欢喝酒，一次他喝醉之后，在座位上沉沉睡去，在睡梦中，他竟然将《易经》诵读了一遍，然后猛地惊醒了。众人问他惊醒的原因，他回答说："我刚才梦见伏羲、周文王、周公，他们与我谈论世代治乱兴衰之事以及日月宇宙变化之理，谈话内容非常精妙。"于是大家都知道了吕蒙曾经在睡梦中诵读《易经》的事。

诗词

劝 学

[唐] 颜真卿

三更灯火五更鸡，

正是男儿读书时。

黑发不知勤学早，

白首方悔读书迟。

春居①善谏

　　齐宣王②为③大室④，大益百亩，堂上三百户⑤。以齐之大，具⑥之三年而未能成。群臣莫⑦敢谏王。春居问于宣王曰："荆王⑧释⑨先王之礼乐，而乐为轻⑩，敢问荆国为有主乎？"王曰："为无主。""贤臣以千数而莫敢谏，敢问荆国为有臣乎？"王曰："为无臣。""今王为大室，其大益百亩，堂上三百户。以齐国之大，具之三年而弗能成。群臣莫敢谏，敢问王为有臣乎？"王曰："为无臣。"春居曰："臣请辟⑪矣！"趋⑫而出。王曰："春子！春子！反⑬！何谏寡人之晚也？寡人请今止之。"遽⑭召掌书⑮曰："书之！寡人不肖⑯，而好为大室。春子止寡人。"

——《吕氏春秋》⑰

注释

❶ **春居**：齐国大夫。❷ **齐宣王**：战国时期齐国国君。❸ **为**：修建。❹ **大室**：宫殿。❺ **户**：门。❻ **具**：备办。❼ **莫**：没有。❽ **荆王**：楚国国君。❾ **释**：放弃，放下。❿ **为轻**：为之轻，因此而轻浮。⓫ **辟**：躲避，离开。⓬ **趋**：小步快走。⓭ **反**：返回。⓮ **遽**：急忙。⓯ **掌书**：主管书写记事的人。⓰ **不肖**：品行不好，没有出息。⓱ **《吕氏春秋》**：又称《吕览》，是在秦国丞相吕不韦主持下，集合门客编撰的一部著作。

译文

　　齐宣王修建大宫殿，规模大到超过了一百亩，堂上设置三百座门。凭齐国这样的大国，修建了三年还没能修建成。群臣没有人敢劝阻齐王。春居对宣王说："楚王抛弃了先王的礼乐，音乐因此变得轻浮了，请问楚国算是有贤明君主吗？"宣王说："没有贤明君主。"春居说："所谓的贤臣数以千计，却没有人敢劝谏，请问楚国算有贤臣吗？"宣王说："没有贤臣。"春居说："如今您修建大宫室，宫室之大超过了一百亩，堂上设置三百座门。凭齐国这样的大国，修建了三年仍不能修建成。臣子们没有人敢劝阻，请问您算是有贤臣吗？"宣王说："没有贤臣。"春居说："我请您允许我离开吧！"说完就快步走了出去。宣王说："春子！春子！回来！为什么这么晚才劝阻我呢？我请求现在就停止修建宫殿。"他赶忙召来记事的人说："写上！我不贤德，喜欢修建宫殿。春子阻止了我。"

链接

　　说到《吕氏春秋》命名的由来，就不能不提到主持编撰此书的秦国丞相吕不韦。吕不韦自以为这部书包罗了天地万物古今之事，所以称之为《吕氏春秋》。后来，吕不韦将《吕氏春秋》公布在咸阳的城门旁，并将千金悬挂在书的上面，广邀各诸侯国的游士宾客前来评阅。吕不韦还许诺如果有人能在书中增加一个字或减去一个字，就奖赏给他一千金。"一字千金"的成语便由此而来。

入学礼

在我国古代，入学礼被视为人生的四大礼之一，与成人礼、婚礼、葬礼处于同样重要的地位。古代的儿童一般四至七岁入私塾读书，称之为"破蒙"。通常的开学仪式包括正衣冠、行拜师礼、净手净心、朱砂开智等内容。

古代开学仪式的第一个环节是正衣冠。古人认为："先正衣冠，后明事理。"让学生注重自己的仪容整洁，是要上的第一课。入学时，新生要一一站立，由先生（古时称老师为先生）依次帮学生整理好衣冠。随后，才能在先生的带领下进入学堂。

进入学堂后，先要举行拜师礼。学生先要叩拜至圣先师孔子的牌位，双膝跪地，九叩首；然后是拜先生，三叩首。拜完先生，学生向先生赠送束脩六礼。束脩六礼是弟子赠给老师的六种礼物，分别是：芹菜，寓意为勤奋好学，业精于勤；莲子，莲子心苦，寓意苦心教育；红豆，寓意鸿运高照；红枣，寓意早早高中；桂圆，寓意功德圆满；干肉，这是付给老师的学费。

行过拜师礼后，学生要按先生的要求，将手放到水盆中"净手"。"净手"的洗法是正反各洗一次，然后擦干。净手的寓意是洗手、净心，去杂存精，希望能在日后的学习中专心致志、心无旁骛。

朱砂开智也叫朱砂启智或朱砂点痣，是开学仪式中最后一道程序。具体做法是先生手持蘸着朱砂的毛笔，在学生眉心处点上一个像"痣"一样的红点。因为"痣"与"智"谐音，朱砂点痣，取的其实是"智"的意思，意为开启智慧，目明心亮，希望学生日后的学习能一点就通。

文苑小憩

古文游戏

一、"拱手而立"表示对长者的尊敬，一般来说，男子行拱手礼时应该（　　）。

　　A. 左手在外

　　B. 右手在外

二、猜谜语。

　　良药苦口利于病。（打一宋代词人名）

　　谜底：＿＿＿＿＿＿＿＿＿＿

三、如果你生活在古代，马上要去上学，你的爸爸妈妈会给你准备一些什么呢？下面是一些给老师的礼物，用自己的话说一说，它们代表了什么？

囊① 萤夜读

胤②恭③勤不倦，博学多通。家贫不常得油，夏月则练囊④盛数十萤火以照书，以夜继日焉。

——《晋书》⑤

注释

❶囊：口袋。❷胤：指东晋大臣车胤。❸恭：谦逊有礼。❹练囊：用白色薄绢做的口袋。❺《晋书》："二十四史"之一，由唐代房玄龄等编撰。

译文

车胤谦逊勤学而不知疲倦，他知识广博，学问精通。因为家境贫寒，他经常买不起灯油点灯读书。夏天的夜晚，车胤就用白绢做成透光的袋子，装数十只萤火虫照亮书本，夜以继日地学习。

诵读

胤/恭勤不倦，博学/多通。家贫/不常得油，夏月/则练囊/盛数十萤火/以照书，以夜继日焉。

文章讲车胤在艰难的条件下仍然勤奋苦读的故事。朗读时送气平缓均匀，声音柔和，表达出对车胤勤学苦读精神的赞美之情。

拾趣

　　谢安、谢石两兄弟与人讨论学习《孝经》，车胤也在其中，他听后有疑问，但又不敢问谢家兄弟。于是，他对同伴袁羊说："我不问吧，怕把精彩的讲解遗漏了；多问吧，又怕劳烦谢家兄弟。"袁羊说："我看他俩决不会因你多问而嫌烦的。"车胤问道："你怎么知道呢？"袁羊说："哪里见过明亮的镜子厌倦人们常照，清澈的流水害怕和风吹拂的呢！"

生于忧患，死于安乐

故^①天将降大任^②于是^③人也，必^④先苦^⑤其心志^⑥，劳^⑦其筋骨，饿^⑧其体肤^⑨，空乏^⑩其身，行拂乱^⑪其所为^⑫，所以^⑬动^⑭心忍^⑮性，曾益^⑯其所不能^⑰。

——《孟子》^⑱

注释

❶ 故：所以。❷ 任：责任。❸ 是：代词，这，这些。❹ 必：一定。❺ 苦：使……痛苦。❻ 心志：意志。❼ 劳：使……劳累。❽ 饿：使……饥饿。❾ 体肤：身体。❿ 空乏：使……穷困。⓫ 拂乱：使……颠倒错乱。拂，违背，不顺。乱，错乱。⓬ 所为：所行。⓭ 所以：用来。⓮ 动：使……震撼。⓯ 忍：使……坚韧。⓰ 曾益：增加。曾，通"增"。⓱ 能：才干。⓲ 《孟子》：语录体散文集，是孟子及其弟子的言论汇编，由孟子及其弟子共同编写而成。

译文

所以上天要把重任降临到人的身上，必定要先使他内心痛苦，使他的筋骨劳累，使他经受饥饿之苦，使他身处贫困之中，一有行动就阻挠扰乱他的行为，以此来震撼他的内心，坚韧他的性格，增加他原本没有的能力。

拾趣

公元前496年，吴王进攻越国，被越王勾践打败。后来，吴王临死前，嘱咐儿子夫差替他报仇。两年后，夫差率兵打败勾践，并将其包围。勾践无路可走，他听从了谋臣文种的建议，暂时忍辱投降，带着妻子和大夫范蠡到吴国伺候吴王，终于保住性命。过了三年，他们被释放回国。勾践回国后，发愤图强，准备复仇。他怕自己消磨志气，晚上就枕着兵器，睡在稻草堆上。他还在房间里挂上一只苦胆，每天起床后就尝一尝。他派文种管理国家政事，派范蠡管理军事，自己亲自与农夫一起干活，他的妻子也每天勤劳地纺线织布。经过十年的艰苦奋斗，越国终于转弱变强。而吴王夫差丝毫不考虑民生疾苦，国力大不如前。公元前482年，夫差带领大军北上，争夺诸侯盟主，勾践便趁吴国精兵在外，突然袭击，一举打败吴兵。

下帷^① 读书

董仲舒^②，广川人也。以治《春秋》，孝景时为博士。下帷讲诵，弟子传以久次相受业，或莫见其面，盖三年董仲舒不观于舍园，其精^③如此。进退容止，非礼不行，学士皆师尊之。今上即位，为江都相。

——司马迁

注释

❶ 下帷：教书。❷ 董仲舒：西汉著名思想家、政治家、教育家。他提出了天人感应、三纲五常等重要儒家理论。❸ 精：专一，深入。

译文

董仲舒，是广川郡人。因研究《春秋》，孝景帝时期曾拜为博士。他在家教书，上门求学的人很多，不能够一一亲自传授，弟子之间就依照学辈先后辗转相传，有的人甚至没见过他的面，董仲舒足不出户，三年的时间里没有去屋旁的园圃观赏过，他治学的心志专一到了如此程度。他出入时的仪容举止，无一不合乎礼仪的规范，学生们都师法、敬重他。当今皇上即位后，他出任江都国相。

链接

　　春秋笔法也叫"微言大义"，指在叙事时暗含褒贬，委婉地表达作者对事件的态度倾向。最早使用春秋笔法的是儒家创始人孔子，他在编写《春秋》时，不仅记述史实，还通过细节描写、修辞手法和材料的筛选，表达自己的观点。当时，各国国君都非常关注孔子所写的《春秋》，想知道孔子对他们的看法。

流汗交面

谢镇西[1]少时，闻殷浩[2]能清言，故往造之。殷未过[3]有所通[4]，为谢标榜[5]诸义，作数百语，既有佳致[6]，兼辞条丰蔚[7]，甚足以动心骇听。谢注神倾意，不觉流汗交面。殷徐语左右："取手巾与谢郎拭面。"

——《世说新语》

注释

❶ 谢镇西：指谢尚。东晋时期名士、将领。❷ 殷浩：东晋时期大臣、将领。❸ 过：过多。❹ 通：阐发。❺ 标榜：揭示。❻ 佳致：美好的情趣。❼ 辞条丰蔚：指言词通达，文采华美。

译文

谢尚年轻时听说殷浩很擅长清谈，于是特地去拜访他。殷浩没有过多地阐发，仅为谢尚揭示各种义理，说了几百言，既有美妙的情趣，又兼具文采，足以激动人心，震骇听闻。谢尚全神贯注地倾听，不知不觉汗流满面。殷浩从容地对左右侍从说："拿手巾来给谢郎擦脸。"

访古

镇西将军

在我国古代，各朝常设的将军按级别有大将军、骠骑将军、车骑将军、卫将军、征（东南西北）将军、镇（东南西北）将军、安（东南西北）将军、平（东南西北）将军、前将军、后将军、左将军及右将军等。镇西将军为四镇将军（四镇将军指镇东、镇南、镇西、镇北四将军）之一。三国时期开始设置四镇将军，以征伐、镇戍四方。

苏秦①刺股

苏秦说②秦王③书十上而说④不行。黑貂⑤之裘弊⑥，黄金百斤尽，资用乏绝，去秦而归。羸縢履屩⑦，负书担橐⑧，形容枯槁，面目犁⑨黑，状有归⑩色。归至家，妻不下纴⑪，嫂不为炊，父母不与言。苏秦喟然叹曰："妻不以我为夫，嫂不以我为叔，父母不以我为子，是皆秦之罪也。"乃夜发书，陈箧⑫数十，得太公《阴符》之谋，伏而诵之，简练以为揣摩。读书欲睡，引锥自刺其股，血流至足。曰："安有说人主不能出其金玉锦绣、取卿相之尊者乎？"期年，揣摩成，曰："此真可以说当世之君矣。"

——《战国策》

注释

❶苏秦：战国时期著名的纵横家、外交家和谋略家。**❷说：**劝说，说服。

❸**秦王**：指秦惠王。❹**说**：学说，意见。❺**黑貂**：一种动物，身体细长，皮毛珍贵。❻**弊**：破旧。❼**嬴縢履屩**：缠着绑腿，穿着草鞋。嬴，缠绕。縢，绑腿布。屩，草鞋。❽**囊**：一种口袋。❾**犁**：黑色。❿**归**：通"愧"，惭愧。⓫**纴**：纺织。⓬**箧**：小箱子。指书箱。

译文

苏秦十次上书游说秦王都没有成功。现在他穿的黑貂皮衣破旧了，百两黄金也用光了，生活费用匮乏，不得已离开秦国回家。他缠着绑腿布，穿着草鞋，背着书袋，体态憔悴，面容发黑，显出惭愧的样子。回到家里，妻子不从织机上下来迎接，嫂子不给他做饭，父母也不和他说话。苏秦长叹道："妻子不把我当丈夫，嫂嫂不把我当小叔，父母不把我当儿子，这都是我苏秦的过错啊。"于是他就在夜间取出藏书，摆开了几十个书箱找到姜太公写的《阴符》谋略书，伏案诵读，选择其中重要的加以熟读，探求它的真谛。读书读得困了想睡觉，他就拿起锥子刺自己的大腿，鲜血一直流到脚跟。他说："哪里有游说君主却不能让他赏赐金玉锦绣、封卿相之类高官的人呢？"一年的时间，苏秦钻研成功，他说："现在我真的可以去游说各国君王了。"

拾趣

战国时期，苏秦前去求见周显王，没有得到周显王的信任。于是，苏秦又西行至秦国，也未得到秦惠王的认可。后来，他到了燕国，游说燕文侯，先从地理位置上分析了燕国与赵国的相依之势，建议燕文侯合纵赵国，结为一体。燕文侯认为苏秦说得很有道理，允诺苏秦的计策如果能维持燕国安定，愿意举国相报。于是，燕文侯资助苏秦车马金帛，前往赵国游说。苏秦来到赵国，提出六国联合起来抵抗秦国的主张。他详细分析了赵国和其他诸侯国的关系，说明了合纵韩、魏、齐、楚、燕、赵六国联合起来的主张，共同对抗秦国，六国一体，秦国不敢出兵侵犯，赵国的霸主事业也就成功了。赵肃侯采纳了苏秦的合纵主张，资助他去游说各诸侯国加盟，订立合纵盟约。随后，苏秦顺利地说服了韩、魏、齐、楚，成功合纵六国。苏秦担任了六国的国相，同时佩戴六国相印。

冠 礼

在古代，男子基本上都留长发，发型还特别有讲究。三四岁到八九岁的小孩，多是自然下垂的短发，这个年龄段统称"垂髫"。八九岁到十三四岁的少年，会把头发分作左右两半，在头顶各扎成一个结，就像两个羊角，叫"总角"。到了十五岁以后，男孩子们要把原先的总角解散，扎成一束，叫"束发"。束发代表已经成年，可以戴帽子了。古时，帽子是一种代表个人身份的标志物，第一次戴帽子还需要举行一个庄严的仪式，这就是冠礼。

《礼记》有记载："（男子）二十曰弱，冠。"意思是男子到了二十岁，虽然身体还不是很强壮，但是已经成年了，要给他加冠。所以，男子在二十岁左右，也称"弱冠之年"。

冠礼最重要的环节就是为接受冠礼的人戴帽子，帽子要戴三次。三次戴的帽子的用料是不一样的，依次是粗布帽子、鹿皮帽子和细布帽子。布以细布帽子最为贵重，代表期待接受冠礼的人的德行能与日俱增。举行冠礼的仪式，是要告诉接受冠礼的人，戴冠之后，他将正式成为跨入社会的成年人，要独立自主，为自己的言行负责，做一个合格的成年人。

冠礼的最后一项仪式，就是为接受冠礼的人取"字"。姓、名、字、号，是古人完整的姓名结构，而"字"便是在举行冠礼时，由最尊贵的宾客为他所取的。取字之后，只有长辈对晚辈或者尊者对卑者才可以直呼其名，平辈之间、晚辈对长辈则要以字相称，以表示尊敬，否则就是失礼。

文苑小憩

古文游戏

一、古人的"字"是在举行冠礼时，由最尊贵的宾客所取的，观察古
画中的人物，哪位最有可能有"字"？

二、根据下面的诗句，完成一首"顶针诗"。

> 儿童散学归来早

> 早梅犹得回歌扇

顶针诗是用修辞中的顶针格写成的诗。
顶针是用前一句或前联的结尾词语，来做后
句或后联的起头，使前后两句头尾蝉联，上
下递补。

提示

rì yuè zhī xíng
日月之形

rì yuè zhī xíng rú wán hé yǐ zhī zhī yǐ yuè yíng
日月之形如丸[1]。何以知之？以月盈
kuī kě yàn yě yuè běn wú guāng yóu yín wán rì yào
亏[2]可验也。月本无光，犹银丸，日耀[3]
zhī nǎi guāng ěr guāng zhī chū shēng rì zài qí páng gù
之乃光[4]耳。光之初生[5]，日在其傍[6]，故
guāng cè ér suǒ jiàn cái rú gōu rì jiàn yuǎn zé xié zhào ér
光侧[7]而所见才如钩；日渐远，则斜照而
guāng shāo mǎn rú yí dàn wán yǐ fěn tú qí bàn cè shì
光稍满[8]。如一弹丸，以粉涂其半，侧视
zhī zé fěn chù rú gōu duì shì zhī zé zhèng yuán cǐ yǒu yǐ zhī
之则粉处如钩，对视之则正圆。此有以知
qí rú wán yě rì yuè qì yě yǒu xíng ér wú zhì
其如丸也。日月，气[9]也，有形而无质[10]，
gù xiāng zhí ér wú ài
故相值[11]而无碍。

——沈括[12]

注释

1 丸：球。**2 盈亏：**指月盈、月亏，即月亮的圆缺。**3 耀：**照耀，照射。**4 光：**用作动词，是“发光”的意思。**5 光之初生：**月光初现时，这里是指阴历每月初只能看到一道月牙。**6 傍：**通“旁”。**7 光侧：**指阳光从侧面照射月球。**8 稍满：**指随着太阳的移动，人们可以见到月球被阳光照亮的地方逐渐增大、变圆。**9 气：**气体。古人误认为日、

月都是由气体组成的。❿ **质**：实体。⓫ **相值**：相遇。值，遇到。⓬ **沈括**：北宋官员、科学家，其代表作《梦溪笔谈》是一部综合性笔记体著作。

译文

太阳和月亮的形状像个圆球。怎么知道它们是这样子的？凭月亮的盈亏就可以验证。月亮本来不发光，就像一个银球，太阳照耀它，它才发出光来。月光刚开始的时候，是太阳在它旁边照射，所以光在它的侧面，人们能够看到的月光面就只像个弯钩；太阳渐渐远离月亮，则斜照过来，月光逐渐变得圆满。犹如一颗弹丸，用白粉把它的表面涂抹一半，从旁边看上去涂了粉的地方如同弯钩，对着涂粉的一半正面看去则还是正圆。由此可见太阳和月亮都像个圆球。太阳和月亮都是由气凝结而成的，有形状而无实体，所以相遇也没有妨碍。

链接

沈括是我国古代历史上最卓越的科学家之一，他精通天文、数学、物理学、化学、生物学、地理学、农学和医学。他晚年所著的《梦溪笔谈》详细记载了我国劳动人民在科学技术方面的卓越贡献和他自己的研究成果，反映了我国古代特别是北宋时期自然科学达到的辉煌成就。《梦溪笔谈》不仅是我国古代的学术宝库，而且在世界文化史上也有重要的地位。

虹

世传虹能入溪涧饮水，信然。熙宁①中，予②使③契丹④，至其极北黑水境永安山⑤下卓⑥帐。是时新雨霁，见虹下帐前涧中。予与同职扣涧观之，虹两头皆垂涧中。使人过涧，隔虹对立，相去数丈，中间如隔绡縠⑦。自西望东则见，盖夕虹也。立涧之东西望，则为日所铄，都无所睹。久之，稍稍正东，逾山而去。次日行一程，又复见之。孙彦先⑧云，虹乃雨中日影也，日照雨则有之。

——沈 括

注释

❶ **熙宁**：宋神宗赵顼（xū）年号。❷ **予**：我。❸ **使**：出使。❹ **契丹**：宋时北部少数民族。❺ **永安山**：在今内蒙古宁城西。古时为避暑与围猎的场所。❻ **卓**：直立。❼ **绡縠**：轻薄如雾的绢、纱之内的丝织品。❽ **孙彦先**：指孙思恭，与沈括同时代的科学家。

译文

　　相传彩虹能入溪流或山涧里喝水，确实是这样。熙宁年间，我出使契丹，到了最北边黑水境内的永安山下安扎帐篷。那个时候刚好雨后初晴，彩虹出现在帐篷前的山涧中。我和同事走近山涧观赏它，看到彩虹的两端都垂到涧中。使人越过山涧，隔着彩虹相对站立，距离大概有几丈，中间如同隔着一层薄纱。当站在涧的西边往东看就能看见彩虹。当站在涧的东边往西看，则彩虹被太阳光消融，什么都看不见。过了很久，彩虹渐渐偏向正东方，越过山峰离去了。第二天走了一段路，又看到了彩虹。孙彦先说过，虹是雨中太阳的影子，太阳照雨就会有彩虹出现。

陨石

治平①元年，常州②日昳③时，天有大声如雷，乃一大星几④如月，见于东南；少时而又震一声，移著西南；又一震而坠在宜兴县民许氏园中，远近皆见火光赫然照天，许氏藩篱⑤皆为所焚。是时⑥火息，视地中只有一窍⑦如杯大，极深。下视之，星在其中荧荧然⑧，良久渐暗，尚热不可近。又久之，发⑨其窍，深三尺余，乃得一圆石，犹热。其大如拳，一头微锐，色如铁，重亦如之。

——沈括

译文

　　北宋治平元年，常州日近正午时，天上忽然发出巨响如雷鸣，只见一颗大星几乎和月亮一样大，在东南方出现；不一会儿又一声震响，移到西南方去了；又一声震响后，星星就坠落在宜兴县一个姓许的人家的园子里，远处近处的人都看到火光照亮天空，许家的篱笆都被烧毁了。这时等火熄灭后，人们看地下有一个像茶杯大小的洞，很深。往里看，星星在洞穴里面发着微弱的光。过了好久才渐渐暗下来，但还热得不能靠近。又过了很长时间，挖开这个洞穴三尺多深，得到一块圆形的石头，还有热量。圆石大小像拳头一样，一头略微有点细，颜色像铁，重量也和铁差不多。

链接

　　陨石也称"陨星"，是宇宙中最常见的物质之一。它是一些流星或碎块散落到地球表面的没有燃尽的石质、铁质或是石铁混合的物质。陨石分为石质陨石、铁质陨石、石铁混合陨石。目前世界上保存最大的铁质陨石是非洲纳米比亚的戈巴铁质陨石，重约60吨。我国的铁质陨石之冠是新疆青河县发现的"银骆驼"，重约28吨。

河中石兽

沧州南一寺临河干[1]，山门[2]圮[3]于河，二石兽并沉焉[4]。阅[5]十余岁[6]，僧募金重修，求[7]二石兽于水中，竟不可得，以为顺流下矣。棹[8]数小舟，曳[9]铁钯[10]，寻十余里无迹。一老河兵[11]闻之，笑曰："凡河中失石，当求之于上流。盖[12]石性坚重，沙性松浮，水不能冲石，其反激之力，必于石下迎水处啮[13]沙为坎穴[14]。渐激渐深，至石之半，石必倒掷[15]坎穴中。如[16]是再啮，石又再转。转转不已，遂反溯流[17]逆上矣。"如其言，果得于数里外。

——纪昀[18]

注释

❶河干：河岸。**❷山门**：寺庙的大门。**❸圮**：倒塌。**❹焉**：于此，在这里。**❺阅**：经过。**❻岁**：年。**❼求**：寻找。**❽棹**：船桨。这里用作动词，划船。**❾曳**：拖着。**❿钯**：同"耙"，平整土地用的农具。**⓫河兵**：巡河、守河的士兵。**⓬盖**：原来，发语词，放在句首。**⓭啮**：本意是"咬"，这里是侵蚀、冲刷的意思。**⓮坎穴**：坑洞。**⓯倒掷**：

倾倒。**⑯ 如：**按照。**⑰ 溯流：**逆流而上。**⑱ 纪昀：**字晓岚，清朝政治家、文学家，其代表作《阅微草堂笔记》是一部以笔记形式编写的文言短篇志怪小说。

译文

　　沧州的南面，有一座寺庙靠近河岸，寺庙的大门倒塌在了河中，门口两个石兽一起沉没在这条河里。过了十多年，和尚们募集金钱重修寺庙，在河中寻找两个石兽，到底没能找到。和尚们认为石兽顺流而下来，于是驾着几只小船，拖着铁耙，寻找了十多里，也没有任何石兽的踪迹。一个年老的河兵听说了，笑着说："凡是落入河里的石头，都应当到河的上游寻找。因为石头的特点是坚硬沉重，沙的特点是松软浮动，水流不能冲走石头，河水的反冲力一定会将石头下面迎着水流的地方冲刷成为坑洞，越冲越深，当冲到石头底部的一半时，石头必定倒在坑洞里。像这样多次冲刷，石头又会多次向前翻转。这样不停地转动，于是石兽反而逆流而上了。"按照他的话去寻找，和尚们果然在几里外的上游寻到了石兽。

杞人忧天

杞国①有人忧天地崩坠②，身亡所寄③，废寝食者。

又有忧彼之④所忧者，因往晓⑤之，曰："天，积气耳，亡处亡气。若⑥屈伸⑦呼吸，终日在天中行止⑧，奈何⑨忧崩坠乎？"

其人曰："天果⑩积气，日月星宿⑪，不当坠耶？"

晓之者曰："日月星宿，亦积气中之有光耀者，只使⑫坠，亦不能有所中伤⑬。"

其人曰："奈地坏何⑭？"晓之者曰："地，积块⑮耳，充塞四虚⑯，亡处亡块。若躇步跐蹈⑰，终日在地上行止，奈何忧其坏？"

其人舍然⑱大喜，晓之者亦舍然大喜。

——《列子》

注释

❶ **杞国**：周朝诸侯国。❷ **崩坠**：崩塌，坠落。❸ **身亡所寄**：没有地方存身。亡，同"无"。寄，依附，依托。❹ **之**：的。❺ **晓**：开导。❻ **若**：你。❼ **屈伸**：身体四肢的活动。❽ **行止**：行动，活动。❾ **奈何**：为何，为什么。❿ **果**：如果。⓫ **星宿**：泛指星辰。⓬ **只使**：即使。⓭ **中伤**：打中击伤。⓮ **奈地坏何**：那地坏了又怎么办呢？⓯ **积块**：聚积的土块。⓰ **四虚**：四方。⓱ **蹈步跳蹈**：四个字都是踩、踏的意思。⓲ **舍然**：消除疑虑的样子。舍，通"释"。

译文

杞国有个人总担心天地会崩塌，自身失去依存的地方，因此吃不下也睡不好。

又有一个为他的忧愁而担心的人，前去开导他，说："天，不过是聚集在一起的气体，我们周围无处不存在气体。你一举一动、一呼一吸，一直在天空里活动，为什么要担心天会塌呢？"

那个人说："天如果真是聚集的气体，那太阳、月亮和星星呢，不就会掉下来吗？"

劝导他的人说："太阳、月亮、星星，也是气体中发光的气体，就算它们掉下来，也不可能伤到谁。"

那人说："地陷下去怎么办呢？"

劝导他的人说："地，就是聚集起来的土块，它填充了四方所有的角落，没有哪个地方没有土块的。你行走跳跃，整天都在这地上活动，为什么还要担心地会陷下去呢？"

于是那人才放下心来，很高兴；劝导他的人也放了心，很高兴。

链接

天圆地方是中国古人对天地结构的朴素认识，早在周代就有了这样的说法。最早应来自古人的直观感受，例如天空看上去就像个圆盖。《三国演义》中有"苍天如圆盖，陆地似棋局"的说法。宇宙广袤而神秘，它泛指物质和时空。许多科学家认为，宇宙是由大约一百多亿年前发生的一次大爆炸形成的。

姑姑节

"六月六，请姑姑"，在古时，每逢农历六月初六，就要请已出嫁的女儿们回娘家，好好招待一番再送回去，因此，这天被称为"姑姑节"。

关于姑姑节的起源有这样一个传说：春秋战国时期，晋国大臣狐偃骄傲自大，气死了另一位大臣赵衰。赵衰的儿子娶了狐偃的女儿为妻。有一次，赵衰的儿子想乘六月六日狐偃过生日之时，杀死自己的岳父，为父亲报仇。狐偃的女儿知道消息后，连夜赶回娘家报信。狐偃得知情况后非常震惊，意识到自己的狂妄已引起公愤，反思自己过去的言行，悔恨不已。他不仅没有追究此事，反而痛改前非。此后，每年农历六月六日，狐偃都把女婿、女儿接回家里，合家团聚。后来传到民间，逐渐成了妇女回娘家的节日，所以被称为"姑姑节"。

在陕北地区，还流传有"六月六，六月六，新麦子馍馍熬羊肉"的谚语。因为，六月上旬正是麦收羊肥的时候。这时，紧张的收获季节刚刚结束，为了欢庆丰收，接女儿们回娘家，阖家团聚，享受天伦之乐，成了普通百姓家中的一件乐事。

文苑小憩

古文游戏

一、"姑姑节"又叫"洗晒节"，不同身份职业的人会在这一天晒不同的东西。请将下面不同的身份职业与所晒的事物连起来。

文人雅士	粮食谷物
军人武士	书籍字画
农夫粮商	刀枪棍棒

二、下面的古文中出现了通假字，它们的本字就藏在下边的汉字宫格里。请找出通假字和相对应的本字。

无	又	悦	现
汝	鉴	途	仍
隅	优	失	旁
圆	否	谓	慢

1. 杞国有人忧天地崩坠，身亡所寄，废寝食者。

2. 光之初生，日在其傍，故光侧而所见才如钩；日渐远，则斜照而光稍满。

3. 治平元年，常州日禺时，天有大声如雷，乃一大星几如月，见于东南。

> 通假字是中国古书的用字现象之一，"通假"就是"通用、借代"的意思，是用读音相同或者字形相近的字代替本字。通假字所代替的那个字，我们把它叫作"本字"。

提示

大其心，容① 天下之物

大其心，容天下之物；虚② 其心，受天下之善；平其心，论天下之事；潜其心，观天下之理；定其心，应③ 天下之变④。

——金 缨⑤

注释

❶容：容纳。❷虚：使……谦虚。❸应：应对。❹变：变化。❺金缨：清代学者，编著有《格言联璧》，集合了先贤的警策语句，给后人以垂范。

译文

心胸宽广，便会包容天下的一切事物；为人谦虚，便会接受天下的真知美德；平心静气，才能分析天下的优劣得失；潜心钻研，才能探讨天下的学说事理；心性稳定，才能应对天下的风云变幻。

诵读

文章分为五个句式相同的分句，每个分句之间是并列的关系，所以朗读时，声调要平稳；又因为文章是有关修身的，读起来要有谆谆教诲之感，语速不快不慢，语气舒缓而平和，可以想象自己是一位正在教诲他人的先生，要让听者能虚心接受。

拾趣

三国时期，蜀国丞相诸葛亮去世后，蜀主刘禅遵诸葛亮遗言，任用蒋琬为相主持朝政。当时，蜀国面临内忧外患，国内百姓恐惧不安。蒋琬刚上任，却能镇定自若，把控大局，使得民心安定。

　　蒋琬的为人也很宽厚，他的属下有个叫杨戏的人，性格孤傲，不善言语。蒋琬与他交谈时，经常不作回答。有人对蒋琬说："杨戏对您如此怠慢，太无礼了！"蒋琬对此很坦然，他说："让杨戏当面赞扬我，那可不是他的本性；让他当着众人的面说我的不是，他会觉得我下不来台。其实，这正是他的可贵之处。"又有人说蒋琬做事比起前任丞相，还差得太远。蒋琬听说了，却不追究，主管官吏要求将说这话的人治罪，他回答说："我本来就不如前人，没有什么可否认的。"后来此人因犯法入狱，蒋琬还为他求情。人们都称赞蒋琬"宰相肚里能撑船"。

以己度人
yǐ jǐ duó rén

事后而议人得失，吹毛索垢①，不肯丝毫放宽，试思己当其局，未必能效②彼万一；旁观而论人短长，抉隐摘微③，不留些须余地，试思己受其毁，未必能安意顺承。

——金 缨

注释

❶ 吹毛索垢：比喻故意挑剔别人的缺点，寻找别人的差错。❷ 效：效法，模仿。❸ 抉隐摘微：找出别人隐藏的缺陷，指责别人微小的错误。

译文

在事后议论别人的过错，故意挑剔别人的缺点，寻找别人的差错，一丝一毫也不放过，试想自己如果是对方，恐怕连对方的万分之一都做不到；在一旁评论别人的短处长处，找出别人隐藏的缺陷，指责别人微小的错误，不留丝毫余地，试想如果换成自己受到这样的诋毁，恐怕未必能够平心静气地忍受。

诵读

文章教导人修身养性，分为两个句式相同的分句，分句之间是并列的关系。我们在诵读时，注意声调要稳定，语气要严肃。在读到"未必"时，可加重语气，表达出深刻反思、提醒他人的意味。

拾趣

魏郡太守刘玙（yú）在太傅府上任职，当时很多士大夫都被他设计陷害，唯独庾子嵩没有把柄可供他利用。庾子嵩家境富裕，但他生性节俭，于是有人向刘玙献计，让他向庾子嵩借一千万钱，希望庾子嵩能够因为吝惜钱财而拒绝他们，这样就可以乘机陷害。在一次宴会上，刘玙趁众人在座时，向庾子嵩借钱。庾子嵩当时已经喝醉，浑身无力，头巾掉在桌子上。庾子嵩一边将头靠近头巾，一边缓缓地回答说："我家里确实有两三千万，随便你拿。"这时刘玙才心服口服了。后来有人跟庾子嵩提起这件事，他回答说："这可以说是以小人之心，度君子之腹。"

王夷甫^①逸事

王夷甫尝属^②族人事，经时^③未行。遇于一处饮燕^④，因语之曰："近属尊事，那得不行？"族人大怒，便举樏^⑤掷其面。夷甫都无言，盥洗毕，牵王丞相^⑥臂，与共载去。在车中照镜，语丞相曰："汝看我眼光，乃出牛背上^⑦。"

——《世说新语》

注释

❶ 王夷甫：指王衍，字夷甫，善谈老庄，倡导玄学，在当时影响很大。
❷ 属：嘱咐。❸ 经时：多时。❹ 燕：通"宴"。❺ 樏：食盒，有底有隔。
❻ 王丞相：指丞相王导。❼ 出牛背上：牛背为着鞭处，眼光出于牛背，意指不计较挨打受辱这类小事。

译文

　　王夷甫曾托一个族人办事，过了很长时间还没办。两人在一次宴会上相遇，王夷甫借机对他说："最近我托你办的事，怎么还没办？"族人听了很生气，便举起食盒朝他脸上扔去。王夷甫一句话也没说，盥洗干净后，就拉着丞相王导的手臂一起乘车走了。在车里，王夷甫照着镜子对王丞相说："你看我的眼光，竟超出牛背之上。"

链接

　　王夷甫身担宰相之职，却不专心于治理国家，只想着保全自己。他在纷繁变乱的局势中，一心为自己和家族谋求利益。青州和荆州都是当时的军事要地，物产也很丰饶。因此，王衍对东海王司马越说："中原现在已经大乱，应该依靠各地的负责大臣，因此应该选择文武兼备的人才出任地方长官。"于是，他让弟弟王澄担任荆州刺史，族弟王敦担任青州刺史。并对王澄、王敦说："荆州有长江、汉水的坚固，青州有背靠大海的险要。你们两个镇守外地，而我留在京师，就可以称得上三窟了。"当时有见识的人都很鄙夷他。

不计前嫌

后赵王①勒悉②召武乡③耆旧④诣⑤襄国⑥，与之共坐欢饮。初，勒微⑦时，与李阳⑧邻居，数⑨争沤麻⑩池相殴⑪，阳由是独不敢来。勒曰："阳，壮士也；沤麻，布衣⑫之恨；孤方兼容天下，岂仇匹夫乎！"遂召与饮，引⑬阳臂曰："孤往日厌卿老拳，卿亦饱孤毒手。"因拜⑭参军都尉。

——《资治通鉴》

注释

❶赵王：南北朝时期后赵建立者，史称后赵明帝。❷悉：全，都。❸武乡：今山西榆社。❹耆旧：德高望重者。耆，指六十岁以上的老人。❺诣：到。❻襄国：今河北邢台。❼微：贫贱。❽李阳：西晋时期，后赵名将。❾数：屡次，多次。❿沤麻：将麻茎或已剥下的麻皮浸泡在水中，使之自然发酵，达到部分脱胶的目的。⓫殴：打架，斗殴。⓬布衣：麻布衣服，借指平民。⓭引：拉，牵引。⓮拜：任命。

译文

后赵王石勒把武乡有声望的老朋友都请到襄国，同他们一起畅快地饮酒。当初，石勒还很贫贱的时候，和李阳是邻居，多次为争夺沤麻的池子而相互殴打，因此唯独李阳不敢来。石勒说："李阳是个壮士，争沤麻池的事情，是我当平民百姓时结下的怨恨；我现在能包容天下，哪里会记恨一个普通百姓！"于是立即传召李阳，与他一起饮酒，石勒拉着李阳的臂膀说："我从前挨够你的拳头，你也受够了我的痛打。"随之任命李阳为参军都尉。

链接

后赵是南北朝时期石勒建立的政权，存在了三十余年。石勒原本是前赵皇帝刘渊的部将，他带兵歼灭了西晋主力，攻破洛阳，以襄国为基地，割据一方。后来，前赵大臣靳准弑君自立，石勒率军攻破前赵首都平阳，平定了叛乱。随后，石勒在襄国称帝，史称后赵。

谢万石① 雅量

支道林②还东，时贤并送于征虏亭。蔡子叔③前至，坐近林公④；谢万石后来，坐小远。蔡暂起，谢移就其处。蔡还，见谢在焉，因合褥⑤举谢掷地，自复坐。谢冠帻⑥倾脱，乃徐⑦起，振衣就席，神意甚平，不觉瞋⑧沮⑨。坐定，谓蔡曰："卿奇人，殆⑩坏我面。"蔡答曰："我本不为卿面作计。"其后二人俱不介意。

——《世说新语》

注释

❶ 谢万石：指谢万，字万石，东晋名士、将领。❷ 支道林：东晋时期的一位高僧。❸ 蔡子叔：指蔡系，字子叔，抚军长史。❹ 林公：对支道林的尊称。❺ 褥：坐垫。❻ 冠帻：帽子头巾，这里指戴在头上的纶巾。❼ 徐：慢慢地。❽ 瞋：瞪着眼睛，形容愤怒的样子。❾ 沮：沮丧。❿ 殆：几乎，差点儿。

支道林要回到东边去，当时的名士都到征虏亭为他送行。蔡子叔先到，坐在了支道林旁边；谢万石后到，坐得稍远一点。蔡子叔暂时离开了一会儿，谢万石就移到他的位子上坐下。蔡子叔回来后，见谢万石坐在自己的位子上，就连着坐垫一起把谢万石掀倒在地，自己再坐回原处。谢万石摔得头上的纶巾都掉了，他慢慢地爬起来，拍干净衣服，回到自己的原位，神色平静，没有显露出愤怒或沮丧的样子。坐好后，谢万石对蔡子叔说："您真奇怪，差点儿碰破了我的脸。"蔡子叔回答说："我本来就没为你的脸打算。"之后，两人都没把这事放在心上。

拾趣

谢万曾与哥哥谢安从会稽出发，一起西行，路过吴郡时，谢万要求谢安一起去会见吴郡太守王恬，谢安说："恐怕他不一定会应酬你。"谢万还是苦苦邀请，谢安坚持不去，谢万只好独自前往。谢万去了之后，见到了王恬，王恬与他坐了一会，便去了里间，谢万很高兴，以为他要好好招待自己。过了很久，王恬散着头发出来了，他不再陪谢万同坐，而是径直到天井中晒头发，神色傲慢，没有一点招待谢万的意思。谢万只得告辞回去了。

笄（jī）礼

在古代，不管男孩女孩，到了成年就要举行特殊的成人仪式——改变发式。男戴冠，女配笄，分别叫作"冠礼"和"笄礼"。

戴冠不仅尊卑有别，而且男女有别。在唐代以前，女子是不能戴冠的。唐代以后，权贵大户人家的女子才可以戴冠。

与男子的冠礼相对，女子的成年礼叫作"笄礼"。"笄"就是古人用来盘头发或者别住帽子用的簪子。古代女子十五岁开始加笄，由家长替她把头发盘结起来，插上一根簪子。发式的改变意味着少女时代的结束，代表已经成年。

《礼记》中说："（女子）十有五年而笄，二十而嫁。"汉代经学家郑玄的解释是：女子十五岁时许配给人家，当年就束发戴上簪子；未许配的，二十岁时束发戴上簪子。后来，人们就用"及笄""笄年"指称女子年满十五岁。如唐代诗人白居易在《对酒示行简》一诗中写道："复有双幼妹，笄年未结褵（lí）。"意思是说"我还有两个年幼的妹妹，十五岁了，还没有嫁人"。

在一些古代文学作品中，我们经常能读到"豆蔻年华"这个词。"豆蔻"是一种形状奇异的美丽花朵，古人常用它来比喻十三四岁的少女，如唐代诗人杜牧在《赠别》一诗中写道："娉娉袅袅十三余，豆蔻梢头二月初。"这是形容十三四岁的女孩子姿态轻柔美好，如豆蔻含苞待放一般。还有称女子十六岁为"碧玉年华"，二十岁称"桃李年华"，二十四岁称"花信年华"等，也都是拿美好的事物作比，形容女子的青春韶华。

文苑小憩

古文游戏

一、根据提示，仿写古文。

大其心，容天下之物。

（　　　）其心，（　　　）天下之（　　　）；

（　　　）其心，（　　　）天下之（　　　）；

（　　　）其心，（　　　）天下之（　　　）。

> **提示**
>
> 使动用法是古汉语里的一种特殊的词类活用现象，大致有三种形式，分别为动词、形容词和名词的使动用法，表示"使……（怎么样）"的意思。

二、读下面两句古文，写出意思相近的成语。

事后而议人得失，吹毛索垢，不肯丝毫放宽，试思己当其局，未必能效彼万一。

成语：＿＿＿＿＿＿＿＿

旁观而论人短长，抉隐摘微，不留些须余地，试思己受其毁，未必能安意顺承。

成语：＿＿＿＿＿＿＿＿

三、以下含"年华"的词语中用来描述年轻女子的有哪些？请将它们圈出来。

豆蔻年华	虚度年华	花信年华	碧玉年华
及笄年华	风信年华	芳年华月	惨绿年华
年华垂暮	虚掷年华	桃李年华	二八年华
花样年华	似水年华	芳年年华	

> **提示**
>
> "年华"一词出自北周庾信的《竹杖赋》："潘岳《秋兴》，嵇生倦游，桓谭不乐，吴质长愁，并皆年华未暮，容貌先秋。"

病入膏肓

公①疾病，求医于秦。秦伯②使医缓③为④之。未至，公梦疾为二竖子⑤，曰："彼⑥，良医也。惧伤我⑦，焉⑧逃之？"其一曰："居肓⑨之上，膏⑩之下，若我何？"医至，曰："疾不可为也。在肓之上，膏之下，攻⑪之不可，达⑫之不及，药不至焉，不可为也。"公曰："良医也。"厚为之礼而归之。

——左丘明⑬

注释

①**公**：晋国国君晋景公。②**秦伯**：秦国国君秦桓公。原封为伯爵，故称秦伯。③**医缓**：一位名医的名字，也泛指医术高明的医生。④**为**：诊治。⑤**竖子**：小孩子，年纪小的仆人。⑥**彼**：那。这里指医缓。⑦**惧伤我**：害怕他伤害我们。⑧**焉**：哪里。⑨**肓**：胸腔内的横膈膜。⑩**膏**：心脏下方有脂肪处。⑪**攻**：灸。⑫**达**：指针。⑬**左丘明**：春秋末年鲁国史官，其编著的《左传》是我国第一部叙事详尽的编年体史书，记录了从鲁隐公元年至鲁哀公二十七年的相关历史。

晋景公病重，去秦国聘请医术高明的人来给自己治病。秦桓公派了一个名医来给他医治。医生还没到之前，晋景公做了一个梦，梦见疾病变成了两个童子。一个说："晋景公这回请的那个人是个医术高明的医生，他会伤害我们，往哪里逃啊？"另一个说："我们就躲在肓的上面，膏的下面，他能拿我们怎么办？"医缓来了，对晋景公说："您的病不能治了。因为病在肓的上面，膏的下面，艾灸不能用，针刺够不着，药力也达不到，无法医治了。"晋景公说："您真是一位医术高明的医生啊！"于是赐给他丰厚的礼物，送他回去了。

拾趣

传说晋景公有一年生了一场大病，做了一个噩梦，他醒来后把巫师叫来询问，巫师说他吃不到今年的新麦了，这句话的意思是他可能活不过今年秋天。晋景公听了很不高兴。

过了没多久，晋景公的病情更重了，他到秦国请了名医来治病，也就是文中提到的医生，可惜他已经病入膏肓，名医也没有办法。又过了一段时间，新麦熟了，他特地叫人用新麦做了好些食物，又召见了巫师，以欺君的名义把他杀掉了。正准备吃饭的时候，晋景公突然感到肚子痛，便去了厕所，谁知不小心掉进了粪坑里面淹死了。他果真没有吃上新麦。

霸王① 别姬②

项王军壁③垓下④，兵少食尽，汉军及诸侯兵围之数重。夜闻汉军四面皆楚歌⑤，项王乃大惊曰："汉皆已得楚乎？是何⑥楚人之多也！"项王则夜起，饮帐中。有美人名虞，常幸从；骏马名骓，常骑之。于是项王乃悲歌慷慨，自为诗曰："力拔山兮气盖世，时不利兮骓不逝。骓不逝兮可奈何，虞兮虞兮奈若何！"歌数阕⑦，美人和之⑧。项王泣数行下，左右皆泣，莫能仰视。

——司马迁

注释

❶ **霸王**：指项羽。秦末起义军领袖，推翻秦朝后自封西楚霸王。❷ **姬**：指虞姬，项羽的爱妃。❸ **壁**：安营。❹ **垓下**：古地名，是楚汉相争最后决战的战场。❺ **楚歌**：楚地的歌谣。❻ **是何**：为什么。❼ **数阕**：数遍。❽ **和之**：一起唱，跟着唱。

译文

　　项羽的军队在垓下安营驻扎，士兵越来越少，粮食也吃完了，汉军和诸侯的军队又层层包围上来。夜晚，听到汉军四周都在唱着楚地的歌谣，项羽大惊失色地说："汉军已经把楚地都占领了吗？为什么汉军中楚人这么多呢？"项羽连夜起来，到军帐中喝酒。回想过去，有美丽的虞姬，常陪在他身边，备受宠爱；有宝马乌骓，常骑在胯下。于是项羽就慷慨悲歌，自己作诗道："力能拔山啊豪气压倒一世，天时不利啊骓马不驰。骓马不驰啊怎么办，虞姬啊虞姬你怎么办！"唱了一遍又一遍，虞姬也随他一起唱。项羽泪流数行，身边侍卫也都哭了，没有一个人能抬头看他。

链接

　　秦朝末年，楚国的项羽跟从他的叔父项梁在吴中（今江苏苏州附近）起义。项梁战败被杀后，项羽统率各路起义军，连胜秦兵，最后攻破函谷关，焚烧了秦国都城咸阳（今陕西咸阳市东），并分封天下，封刘邦为汉王，自号西楚霸王。之后，又与汉王刘邦争夺天下，双方相持时，楚汉约定中分天下。不久，汉王刘邦攻打项羽，把项羽的军队包围在垓下一带。项羽突围来到乌江（今安徽马鞍山市境内）边，最后走投无路拔剑自刎。自杀前，项羽内心非常愧疚，觉得对不起楚国百姓，不愿渡江，对身边的人说："即使江东父老可怜我，爱戴我，推我为王，我有什么脸面去见他们呢？"

晋明帝①数岁

晋明帝数岁，坐元帝②膝上。有人从长安来，元帝问洛下③消息，潸然流涕。明帝问何以致泣，具以东渡④意告之。因问明帝："汝意谓长安何如日远？"答曰："日远。不闻人从日边来，居然⑤可知。"元帝异之。明日，集群臣宴会，告以此意，更重问之。乃⑥答曰："日近。"元帝失色曰："尔何故异昨日之言邪？"答曰："举目见日，不见长安。"

——《世说新语》

注释

❶晋明帝：指东晋王朝第二位皇帝司马绍。 ❷元帝：东晋开国皇帝司

马睿。❸**洛下**：指洛阳，西晋京城。❹**东渡**：指西晋灭亡，司马睿东渡，在建康重建政权，史称东晋。❺**居然**：显然。❻**乃**：竟。

译文

晋明帝几岁大的时候，坐在元帝的膝上。当时有人从长安来，元帝问起洛阳的情况，不觉伤心落泪。明帝问父亲什么事让他哭泣，元帝就把晋王室东渡到江南的事告诉他。并顺便问明帝："你觉得长安和太阳相比，哪个远？"明帝回答说："太阳远。没听说过有人从太阳那边来，显然可以知道太阳远。"元帝觉得他的回答不同寻常。第二天，元帝召集群臣宴饮，把明帝的意思告诉大家，并且再重问他一遍，明帝却回答说："太阳近。"元帝惊愕失色，问他："你为什么和昨天说的不一样呢？"明帝回答说："现在抬起头就能看见太阳，却看不见长安。"

佯睡避祸

王右军①年减②十岁时，大将军③甚爱之，恒④置帐中眠。大将军尝先出，右军犹未起。须臾，钱凤⑤入，屏人⑥论事，都忘右军在帐中，便言逆节之谋⑦。右军觉，既闻所论，知无活理，乃阳⑧吐污头面被褥，诈孰⑨眠。敦论事造半⑩，方忆右军未起，相与大惊曰："不得不除之！"及开帐，乃见吐唾从⑪横，信其实孰眠，于是得全⑫。于时称其有智。

——《世说新语》

注释

❶ **王右军**：王羲之，东晋书法家，曾担任右将军，又被称为王右军。
❷ **减**：不足。❸ **大将军**：王敦，东晋将领、宰相、权臣。❹ **恒**：经常。
❺ **钱凤**：字世仪，为王敦的参将。❻ **屏人**：屏退左右。让周围的人离开。
❼ **逆节之谋**：谋划造反的事情。❽ **阳**：同"佯"，假装。❾ **孰**：同"熟"。
❿ **造半**：到一半。⓫ **从**：纵。⓬ **得全**：得以保全性命。

译文

王羲之不到十岁时，大将军王敦十分喜欢他，常常把他放在自己的军帐中睡觉。有一次王敦先起来了，王羲之还没有醒。不久，王敦的参军钱凤进来，王敦屏退他人和钱凤谈事，他们都忘了王羲之还在帐子里，就讨论起谋反的计划。王羲之醒来，听到他们的谈论之后，知道自己没有活命的可能了，就假装吐口水把头脸和被褥都弄脏，装作睡得很熟。王敦商议事情到了一半才想起王羲之没起床。两人大惊说："不得不把他除掉了！"等到打开帐子，却见王羲之口水四流，于是相信他确实还在熟睡，王羲之因此得以保全性命。当时的人都称赞他有智慧。

拾趣

王羲之小时候因一次装睡保住了性命，长大以后，又因一次睡觉而得到了一位好妻子。

据说当时的太傅郗（chī）鉴有一个女儿，名叫郗璿，她才貌双全。郗鉴想在丞相王导家的众多子弟中选一位好青年做女婿。郗鉴的管家带上厚礼，来到王丞相家。王府的子弟听说郗太傅派人来选婿，都显得很庄重拘谨。只有一个年轻人袒胸露腹，躺在东面的坐榻上睡觉，好像什么都没听见。管家回去汇报后，郗鉴说："哈哈，恰恰是这一位好！"原来这位"东床袒腹"的青年就是后来大名鼎鼎的书法家王羲之。这就是"东床快婿"的由来。

周亚夫[①] 军细柳[②]

上[③]自劳[④]军[⑤]。至霸上及棘门军，直驰入，将以下骑送迎。已而[⑥]之[⑦]细柳军，军士吏被[⑧]甲，锐兵刃[⑨]，彀[⑩]弓弩，持满[⑪]。天子先驱至，不得入。先驱曰："天子且[⑫]至！"军门都尉曰："将军令曰'军中闻将军令，不闻天子之诏'。"居无何[⑬]，上至，又不得入。于是上乃使使持节[⑭]诏将军："吾欲入劳军。"亚夫乃传言开壁[⑮]门。壁门士吏谓从属车骑曰："将军约，军中不得驱驰[⑯]。"于是天子乃按辔[⑰]徐行。至营，将军亚夫持兵揖[⑱]曰："介胄[⑲]之士不拜，请以军礼见。"天子为动[⑳]，改容式[㉑]车。使人称谢[㉒]："皇帝敬劳将军。"成礼而去。

——司马迁

142

注释

❶ **周亚夫**：西汉名将，绛侯周勃之子，封条侯。❷ **细柳**：地名，在今陕西咸阳西南，渭河北岸。❸ **上**：特指皇帝。❹ **劳**：慰问。❺ **军**：军队。❻ **已而**：不久。❼ **之**：到，往。❽ **被**：通"披"，穿着。❾ **锐兵刃**：这里指刀出鞘。❿ **彀**：张开。⓫ **持满**：把弓拉满。⓬ **且**：将要。⓭ **居无何**：过了不久。居，经过，表示相隔一段时间。无何，不久。⓮ **持节**：手持符节。节，符节，皇帝派遣使者或调动军队的凭证。⓯ **壁**：营垒。⓰ **驱驰**：策马疾驰。⓱ **按辔**：控制住车马。辔，马缰绳。⓲ **持兵揖**：手持兵器行礼。揖，拱手行礼。⓳ **介胄**：铠甲和头盔，这里用作动词，指披甲戴盔。⓴ **为动**：被感动。㉑ **式**：同"轼"，车前横木。这里用作动词，指扶轼。㉒ **称谢**：向人致意，表示问候。

译文

　　皇上亲自去慰问军队。到了霸上和棘门的军营，直接驱车进入，将军和属下都骑着马迎送。不久来到了细柳军营，只见官兵都披戴盔甲，手持锋利的兵器，开弓搭箭，弓都拉得很满，戒备森严。皇上的先行卫队到了营前，不准进入。先行的卫队说："皇上马上就到了！"镇守军营的将领回答："将军有令'军中只听从将军的命令，不听从天子的命令'。"过了不久，皇上驾到，也不允许进入军营。于是皇上就派使者拿符节去告诉将军："我要进营慰劳军队。"周亚夫这才传令打开军营大门。守卫营门的官兵对皇上随行的武官说："将军规定，军营中不准驱车奔驰。"于是皇上的车队也只能拉住缰绳，慢慢前行。到了大营前，将军周亚夫手持兵器，双手抱拳行礼说："我是盔甲在身的将士，不便跪拜，请允许我按照军礼参见。"皇上对此很感动，脸上的神情也变了，俯身扶在横木上，派人致意说："皇帝敬重地慰劳将军。"礼仪完毕后离去。

诗词

周亚夫细柳营图

[宋] 郑思肖

细柳营中作略殊，宁容直入骤先驱。

不因一见入门诀，文帝何曾识亚夫。

婚 礼

文献中曾记载这样一个故事：一个人在夜间行走，突然见到路中央有一只猪，旁边还有一辆车，上面载着许多"鬼"，于是这个人赶紧拉弓，准备射箭。但仔细一看，车上的并不是鬼而是人，于是这个人以为是盗贼。再仔细一看，发现也不是盗贼，而是一群准备迎亲的人。

从这个故事可以看出，古人的婚礼并不是像现在这样在大白天举行的，而是在黄昏至夜间，所以婚礼在古代也被写作"昏礼"。为什么古代的婚礼要在夜间举行呢？这可能跟原始社会的"抢婚"习俗有关。原始社会时期，成年男子必须到其他部族去抢适龄女子才能结婚，这当然最好是在夜晚进行。

进入文明时代以后，古人的婚礼就不再那么简单粗暴了，反而演变形成了一套复杂的礼仪程序。古代婚礼主要包括纳采、问名、纳吉、纳币、请期、迎亲等六个仪式环节。

首先，男方要请媒人向女方家提亲，这种仪式在古代被称为"纳采"；等到女方家同意后，男方再托媒人询问女子的名字、在家中的排行以及出生的日期，这就是"问名"；男方拿着女子的名字及出生日期进行占卜，如果得到吉兆，就派人到女家通报，称为"纳吉"。纳吉之后，男方开始给女方下聘礼，也就是"纳币"，这相当于现在的订婚。在举行订婚仪式之后，男方为了表示对女方的尊重，要派人到女方家请求指定结婚的具体日期，这被称为"请期"；到了约定的婚期，新郎在黄昏时亲自前往女方家迎娶新娘，也就是"迎亲"。

文苑小憩

古文游戏

一、读古文，说说它们分别描绘了古代婚礼仪式的哪个环节，再按先后进行排序。

A. 尔卜尔筮，体无咎言。（　　　　　）

B. 以尔车来，以我贿迁。（　　　　　）

C. 将子无怒，秋以为期。（　　　　　）

D. 匪我愆期，子无良媒。（　　　　　）

（　　　　　）——（　　　　　）——（　　　　　）——（　　　　　）

二、请以"昏"字为题眼，完成下面的"飞花令"诗句。

1. 昏 _____，儿女随宜治酒殽。

2. 雨昏 _____，花落黄陵庙里啼。

3. 终日昏 _____，忽闻春尽强登山。

4. 楼上黄昏 _____，玉梯横绝月中钩。

5. 无赖诗魔昏 _____，绕篱欹石自沉音。

6. 归来饱饭黄昏 _____，不脱蓑衣卧月明。

7. _____昏，金屋无人见泪痕。

"飞花令"是中国古代一种喝酒时用来罚酒助兴的酒令。"飞花"一词出自唐代诗人韩翃《寒食》诗中"春城无处不飞花"一句。最基本的飞花令诗句中必须含有"花"字，而且对"花"字出现的位置同样有着严格的要求。

提示

华佗 ① 治病

yǒu yí jùn shǒu bìng　　tuó yǐ wéi qí rén shèng nù zé chài
有一郡守病，佗以为其人盛怒则差②，

nǎi duō shòu qí huò　　ér bù jiā zhì　　wú hé　　qì qù　liú
乃多受其货③而不加治，无何④弃去，留

shū　　mà zhī　　jùn shǒu guǒ dà nù　　lìng rén zhuī zhuō shā tuó
书⑤骂之。郡守果大怒，令人追捉杀佗。

jùn shǒu zǐ zhī zhī　　zhǔ shǐ　　wù zhú　　shǒu chēn huì　　jì
郡守子知之，属使⑥勿逐⑦。守瞋恚⑧既

shèn　　tù hēi xuè shù shēng　　ér yù
甚，吐黑血数升⑨而愈。

——陈　寿⑩

注释

❶ 华佗：三国时期有名的神医。❷ 差：同"瘥"，病愈。❸ 货：财物。
❹ 无何：不多久。❺ 书：信。❻ 使：使者，指郡守派出去的人。
❼ 逐：追赶。❽ 瞋恚：愤怒。❾ 升：旧时量器。❿ 陈寿：西晋史学家，
其代表著作《三国志》是一部纪传体国别史，完整地记叙了自汉末至
晋初近百年间中国由分裂走向统一的历史。

译文

　　有一个郡守生病了，华佗认为他的病在十分愤怒的情况下就会痊
愈，于是就接受了太守很多的财物却不给他治病，没多久就不辞而别，
留下一封信大骂太守。郡守果然大发雷霆，派人追杀华佗，郡守的儿
子知道内情，嘱咐使者不要追赶。郡守更加愤怒了，接着吐出很多黑血，
病就完全好了。

链接

传说曹操得了头痛顽症，寻遍良医医治，都没有效果。后来，华歆向曹操举荐了华佗，曹操立即差人将华佗请来为他看病。华佗认为曹操头痛是因中风引起的，病根在脑中，需要先喝一种"麻沸"的汤，然后用斧头砍开脑袋，取出病根，才可能治好。多疑的曹操以为华佗是要借机杀他，十分愤怒，下令将华佗收监拷问，最后使一代神医屈死在狱中，而华佗所写的《青囊书》也因此而失传。

尝百草

民有疾①病，未知药石②，炎帝③始味草木之滋④，察其寒、温、平、热⑤之性，辨其君、臣、佐、使⑥之义，尝⑦一日而遇七十毒，神而化之，遂作方书⑧以疗民疾，而医道自此始矣。

——《纲鉴易知录》⑨

注释

❶疾：重病。❷药石：药物。在中医里，除了草药，还有些种类的矿石也可以做药。❸炎帝：远古时期的氏族部落首领，号神农氏。❹滋：滋味。❺寒、温、平、热：中医对药物区分的四种药性。❻君、臣、佐、使：中医论述药物之间主次关系及相互作用的术语。❼尝：曾经。❽作方书：用文字记录。❾《纲鉴易知录》：是一部记载从远古传说时代至明朝末年历史的纲目体通史，由清代学者吴乘权编辑。

译文

远古时期，人民生了重病，还不知道用药石来治病。炎帝开始尝遍百草的滋味，体察百草的寒、温、平、热等各种药性，分出百草之间像君、臣、佐、使般的相互关系。曾经一天就遇到了七十种剧毒，他都神奇地化解了，于是用文字记下药性以治疗百姓的疾病，药医事业从此开始了。

链接

　　传说，神农出生在一个石洞里，长着牛头人身。他的体形很大，为人勤劳勇敢，被人们推为部落首领，因为他的部落在炎热的南方，称炎族，大家就称他为炎帝。他发明了五谷农业，教民众垦荒种植粮食作物，大家又称他为神农。他为了给人们治病，亲尝百草，多次中毒，最后因尝断肠草而逝世。人们为了纪念他，奉他为药王神。

何颙^①识张仲景^②

何颙妙有知人之鉴^③。初^④，郡张仲景总角^⑤造^⑥颙。颙谓曰："君用思精密，而韵^⑦不能高，将为良医矣。"仲景后果有奇术。王仲宣^⑧年十七时过^⑨仲景，仲景谓之曰："君体有病，宜服五石汤^⑩。若不治，年及三十，当眉落。"仲宣以其赊远^⑪不治。后至三十，果觉眉落。其精如比，世咸叹颙之知人。

——《太平广记》^⑫

子之一，代表作有《登楼赋》等。❾ **过**：前往拜访。❿ **五石汤**：中医里一种补肾的汤药，主要成分是五种矿物药石。⓫ **赊远**：久远，遥远。⓬ **《太平广记》**：是一部按类编写的古代文言小说总集，由宋昉、徐铉等人合撰，成书于宋太宗太平兴国年间，因此称为《太平广记》。

译文

何颙有极高的识别人才的能力。当初，郡中少年张仲景来拜访他，他对仲景说："你考虑问题细微周到，但你的风度气派不太高，以后必定是一名良医呀！"张仲景后来果然医术超凡。王仲宣十七岁时来拜访张仲景，仲景对王仲宣说："你身体有病，应当服用五石汤。若不治疗，到三十岁时，眉毛该脱落了。"王仲宣认为到三十岁还远着呢，没及时治疗。后来到三十岁时，果然发现眉毛脱落。张仲景的医术精深到这种程度，世人无不赞叹何颙识别人才的能力。

拾趣

传说，张仲景在任长沙太守期间，遇上瘟疫流行，许多贫苦百姓慕名前来求医。他对求医者一一热情接待，细心诊治。一开始他是在处理完公务之后，在后堂或自己家中给人治病。后来，由于患者越来越多，他干脆把诊所搬到了大堂，公开坐堂应诊，首创了名医坐大堂的先例，他的这一举动被传为千古佳话。后来，人们为了纪念张仲景，便把坐在药店内治病的医生通称为"坐堂医"，这些医生也把自己开设的药店取名为"××堂药店"，这就是中医药店称"堂"的来历。

诗词

赠医者张生

[明] 王世贞

吾怜张仲景，卖药不论钱。

白屋人偏起，青囊手自编。

獭从针底失，蛇向壁间悬。

欲识仓公姓，还凭太史篇。

采草药

古法[1]，采草药多用二月、八月，此殊[2]未当[3]，但二月草已芽[4]，八月苗未枯，采掇者易辨识耳，在药则未为良时。大率[5]用根者，若有宿根[6]，须取无茎叶时采，则津泽[7]皆归其根。欲验之[8]，但取芦服、地黄辈[9]观，无苗时采则实而沉[10]，有苗时采则虚而浮[11]。其无宿根者，即候苗成而未有花时采，则根生已足而又未衰。如今之紫草[12]，未花[13]时采则根色鲜泽，花过而采则根色黯恶[14]，此其效[15]也。

——沈 括

❶ **古法**：传统习惯。❷ **殊**：特别，十分。❸ **未当**：不妥当，不恰当。❹ **芽**：发芽，名词做动词。❺ **大率**：大概。❻ **宿根**：头一年就生长了的根。❼ **津泽**：汁液。❽ **验之**：验证这一点。❾ **芦服、地黄辈**：芦服、地黄一类的草药。芦服、地黄是多年生草本植物，也就是有宿根药材。❿ **实而沉**：结实沉甸。⓫ **虚而浮**：空虚轻浮。⓬ **紫草**：多年生草本，根富含紫色物质，可入药。⓭ **花**：开花。名词做动词。⓮ **黯恶**：暗淡粗糙。⓯ **效**：验证。

译文

　　按传统的习惯，采草药多在二月、八月间，这十分不恰当。只不过因为二月草已发芽，八月草叶没有枯萎，采集的人容易辨识罢了，但在药性上都不是最佳的时候。大抵用根入药的药材，如果有隔年生的根，应该在还没有茎叶的时候采集，这时汁液都在根上。想验证这一点的话，只要观察一下芦服、地黄一类就知道，无茎叶时采来的就结结实实又沉甸甸的，有茎叶时采来的则空落落又轻飘飘的。那些没有隔年生的根的，就等到茎叶长成但还没有开花时采集，这时的根已经充分生成而又没有衰老。现在用的紫草根，没开花时采集的就根色鲜亮有光泽；花谢了之后再采集的就根色黯淡而粗糙，这就是证明。

秦鸣鹤①

唐高宗②苦风眩③，头目不能视。召侍医秦鸣鹤诊之。秦曰："风毒上攻④，若刺头出少血，愈矣。"天后⑤自帘中怒曰："此可斩也。天子头上，岂是出血处耶？"鸣鹤叩头请命。上⑥曰："医人议病，理不加罪。且吾头重闷，殆不能忍，出血未必不佳。朕意决矣。"命刺之。鸣鹤刺百会及脑户⑦出血。上曰："吾眼明矣。"言未毕，后自帘中顶礼以谢⑧之曰："此天赐我师也。"躬负缯宝⑨以遗之。

——《太平广记》

154

注释

❶秦鸣鹤：曾与张文仲同为唐高宗侍医，医术精湛，擅长针灸。**❷唐高宗**：李治，唐太宗李世民的儿子，武则天的丈夫，唐朝第三位皇帝。**❸风眩**：中医又称风头眩，因风邪、风痰所致的眩晕，有头晕、眼花等症状。**❹风毒上攻**：导致风眩的毒气往上冲击脑部。**❺天后**：指武则天，当时是唐高宗的皇后，称为天后。**❻上**：指唐高宗。**❼百会及脑户**：头顶的两个穴位。**❽顶礼以谢**：用最高的礼节表示感谢。**❾躬负缯宝**：亲自端着高级的丝织品和其他宝物。

译文

唐高宗因风眩病痛苦不堪，头晕目眩看不清东西。高宗召侍医秦鸣鹤给他看病，秦鸣鹤看后说："是风毒往上攻引起的，如果用针刺头出点血就能好。"皇后在帘后大怒道："这人该斩！天子的头上是出血的地方吗？"秦鸣鹤磕头请求饶命。高宗说："看病议谈病情，按道理是不应该治罪的。况且我的头非常沉闷，几乎不能忍受了，出点血不一定就不好。我决心已定。"高宗允许他刺。秦鸣鹤刺唐高宗的百会穴和脑户穴，出了点血。唐高宗说："我的眼睛能看清了。"他的话还没说完，皇后在帘子后面用最高的礼节感谢秦鸣鹤，说："这是上天赐给我们的医师啊！"然后亲自赠送丝帛、珠宝给秦鸣鹤。

拾趣

唐代段成式创作的笔记小说集《酉阳杂俎》中记载，唐高宗李治小时候刚学走路时，喜欢拿笔玩耍。旁边的侍从试着把纸放在他的面前，他就在纸上乱画，画满了整张纸。他在纸的边角处无意写出了一个"敕"字，这个"敕"代表了诏令，只能由皇帝亲笔书写。唐太宗看见了，就命人把这张纸烧掉，防止它流传到外面去。

丧 礼

古代丧礼的仪式十分复杂，需要花费大量的金钱来置办丧事。丧礼的仪式并不是在一天之内完成的，而是要用几天甚至更长的时间。

丧礼第一天的仪式主要有用酒和食物祭拜亡者、派人通告亲友来吊唁亡者、为亡者沐浴、为亡者立牌位。

第二天要为亡者加衣，一共要加满十几套衣服。

第三天要将停放于卧室的遗体装入棺木，安放棺木的地点由卧室转移到正厅，表示亡者开始一步一步地离开自己生活过的地方。最后，还要通过占卜来决定墓地和下葬的日期。

到了下葬的那天早上，送葬的队伍就前往墓地，将棺柩落葬土中。

如果是父母去世，儿女为父母守孝三年，在这三年里，不能饮酒也不能吃肉，不能参加一切喜庆娱乐的活动。如果是在朝廷做官，还要辞官回家为父母守孝。在亡者去世后的一周年日、二周年日和三周年日，还要举行隆重的祭祀仪式，以此来表达对亡者的思念之情。

古文游戏

中医是中华传统文化中的宝贵财富，在古代，中医有很多儒雅的别称。请将下面有关中医的名称圈出来。

岐黄	庖丁	悬壶	鸿儒
布衣	青囊	祭酒	优伶
博士	夫子	山长	梓匠
橘井	杏林	牙人	翰林